经济管理学术文库·经济类

中国城市群空间结构的
经济效应

Urban Agglomeration Spatial Structure and
Its Economic Effects in China

张　瑜／著

经济管理出版社
ECONOMY & MANAGEMENT PUBLISHING HOUSE

图书在版编目（CIP）数据

中国城市群空间结构的经济效应 / 张瑜著. -- 北京 ：
经济管理出版社，2024. -- ISBN 978-7-5243-0104-2

Ⅰ．F299.21

中国国家版本馆 CIP 数据核字第 20245S9T35 号

组稿编辑：杨　雪
责任编辑：杨　雪
助理编辑：王　蕾
责任印制：许　艳
责任校对：陈　颖

出版发行：经济管理出版社
　　　　　（北京市海淀区北蜂窝 8 号中雅大厦 A 座 11 层　100038）
网　　址：www. E-mp. com. cn
电　　话：（010）51915602
印　　刷：唐山昊达印刷有限公司
经　　销：新华书店
开　　本：720mm×1000mm/16
印　　张：12
字　　数：215 千字
版　　次：2024 年 12 月第 1 版　　2024 年 12 月第 1 次印刷
书　　号：ISBN 978-7-5243-0104-2
定　　价：88.00 元

前　言

　　众所周知，城市群凭借独特的发展优势，已经成为中国经济发展格局中最具活力和潜力的空间单元，而空间结构反映出"城市人口和就业的空间集聚程度"，是经济活动在空间上的直接投影。城市群空间结构的演化深刻地影响并改变着中国区域经济发展的空间格局。在空间结构重构的窗口时期，城市群空间结构会产生怎样的经济效应，更进一步地，何种形式的空间结构可实现经济效率的提升和区域差异的缩小？回答这些问题，有助于为区域协调发展提供切实有效的路径依据，具有重要的实践意义和理论价值。

　　本书从经济效率和区域差异两个方面探析了城市群空间结构的经济效应，论证了城市群空间结构对经济效率提升和区域差异缩小的影响。本书重点关注三个问题：中国城市群空间结构呈现怎样的典型特征和演化逻辑？城市群空间结构对经济效率有怎样的影响，是否存在门槛效应？城市群空间结构对区域差异的影响如何，其中的经济学机制为何？最后总结回答：何种形式的城市群空间结构有利于同时实现经济效率提升和区域差异缩小？

　　针对以上问题，本书展开相应研究。主要研究内容与结论是：

　　第一，系统地描述了中国城市群空间结构的演变规律，并以企业全要素生产率和地区间差异指数来表征经济效率和区域差异，考察了中国城市群的经济效率和区域差异的基本事实。研究结论有：其一，中国城市群普遍呈现明显的多中心化趋势。其中，发育程度较高的国家级城市群的多中心程度要显著高于经济体量较小的区域性城市群，东部地区城市群的多中心程度也要显著高于中西部地区。其二，就经济效率而言，以企业全要素生产率表征的经济效率显示，中国制造业企业的全要素生产率整体呈现上升趋势，尤其是东部城市群、多中心城市群具有显著的生产率优势，这一结论印证了城市群高质量发展的事实成立。其三，就区域差异而言，中国城市群地区间差异指数呈现显著的收敛态势，促成这一收敛态势的主导力量更多源于国家级城市群和多中心结构城市群，这一观察印证了城市群区域差异缩小的趋势明显。基于对城市群中心性、经济效率和区域差异的观察发现，中国城市群在趋于多中心演化的同时，也实现了"公平的增长"。

第二，探究了城市群空间结构对经济效率的微观影响及门槛效应。本书构建概念模型，从城市群空间结构演变背后的逻辑出发，阐述了空间结构对经济效率的影响随中心城市规模变化而变化的关系，并对此进行实证分析。主要发现有两点：其一，在统计学意义上，城市群的多中心化发展有利于制造业企业全要素生产率提升，即多中心结构具有显著的经济效率提升效应。其二，受中心城市规模异质性的影响，城市群空间结构对企业全要素生产率的影响存在显著的门槛效应，当中心城市规模低于门槛值时，单中心空间结构有利于企业全要素生产率的提升，在中心城市超过门槛值以后，多中心空间结构更有助于企业全要素生产率的提升。这一经验研究有助于对当下中国各城市群选择不同空间治理模式进行合理解读。

第三，研究了城市群空间结构对区域差异的影响及作用机制。本书从理论上论述了单中心空间结构容易出现"集聚阴影"，导致区域差异扩大，而多中心空间结构可有效缩小区域差异。经验研究对此进行证实，并对具体作用路径给出了合理证据。研究发现，城市群的多中心发展模式具有缩减地区间差异指数的积极效应，且这一缩减效应主要通过扩大劳动力流动规模和深化城市间功能分工等途径来实现，其中，频繁快速的劳动力流动发挥了相对更强的中介效应。这一经验研究为共同富裕的实现路径提供理论支撑。

本书基于以上分析发现，城市群多中心发展模式具有显著的经济效率提升效应和区域差异缩小效应，可缓解空间效率和空间公平不可兼得的对立关系。因此，积极推进城市群从单中心向多中心的演化，是同时解决经济效率和区域差异问题、实现在高质量发展中促进共同富裕的重要途径。但是，多中心空间结构的经济效率提升效应和区域差异缩小效应具有一定的门槛条件和具体的作用路径，并非自然发生。现实中，不存在一种绝对最优的空间模式选择，能够整齐划一地运用于任何发展阶段下的城市群，单中心结构同样可以为区域协调发展创造有利条件。在具体实践中，应根据城市群所处的阶段特征，因地制宜地实施有差别的空间治理战略，支持相对最优的空间发展模式。

本书的创新之处在于：其一，在研究视角上，从经济效率和区域差异两个方面来分析空间结构的经济效应，突出了区域协调发展的核心要义，提供了对兼顾效率与公平的空间治理模式的完整认知。其二，在研究数据上，本书克服已有经验研究的不足，选取大样本的微观个体数据和更客观的卫星监测数据来表征相应的代理变量，尽力提高数据质量的精细程度和相对客观性。同时在经验研究中，结合多种因果识别方法，以保证估计结果的一致性和有效性。其三，在作用机制上，本书不局限于以往侧重定性分析的研究范式，除识别因果关系之外，还着重分析并检验了因果关系背后的作用路径、门槛效应，同时展开大量异质性讨论。多角度的经验分析有助于准确识别经济规律、丰富研究结论，也能够为现实区域政策的解读提供有力的支撑。

本书的研究对于城市群空间治理具有重要的政策实践意义。首先，多中心发展模式缓解了空间上效率与公平相互对立的矛盾，其对城市群空间治理的积极作用值得高度关注。在城市群趋于多中心化的背景下，应着重发挥多中心空间发展模式的积极作用。其次，在构建多中心城市网络的过程中，政府应关注到包括劳动力在内的要素流动和城市间功能分工的中介作用。鼓励要素跨区域流动，强化城际合作与分工，为推进区域协调发展创造有利的"空间"发展环境。最后，在制定城市群空间治理方案时，不能"一刀切"推行多中心战略，应关注到中心城市规模的门槛效应、城市群发育的阶段特征等问题，实施有差别的城市群空间治理战略，支持相对最优的空间发展模式，避免因盲目推进多中心战略带来的潜在风险。

目　录

第一章 绪论

基于市场联系形成的城市群，打破了行政区划的藩篱，正在成为国家参与国际竞争和全球分工的重要空间单元。空间结构则反映出人口和就业的空间集聚程度，是认识和理解中国城市群经济发展的重要空间视角。在城市群空间结构重构的窗口时期，探索空间结构的经济效应，回答何种形式的空间结构能够实现经济效率提升与区域差异缩小的区域共赢等现实问题，具有重要的实践意义和理论价值。本章主要介绍研究背景，明确研究问题和研究思路，提出研究框架和边际贡献。

第一节 研究背景与意义

习近平总书记在中央财经委员会第五次会议上的讲话中指出，我国经济发展的空间结构正在发生深刻变化，中心城市和城市群正在成为承载发展要素的主要空间形式（习近平，2019）。2021年，已初具发展规模的13个国家级城市群的GDP合计为77.44万亿元①，占全国GDP的67.38%。城市群这一空间组织形式，突破了行政区划的藩篱，凭借独特的发展优势，如市场联系紧密、城市间功能互

---

① 这里的13个国家级城市群包括京津冀城市群、长三角城市群、珠三角城市群、山东半岛城市群、海峡西岸城市群、武汉城市群、长株潭城市群、江淮城市群、中原城市群、关中平原城市群、成渝城市群、辽中南城市群、哈长城市群，所覆盖城市群地理范围如第四章表4-1所示。城市群GDP数据来源于《中国城市统计年鉴2022》。

补等，在较大的空间区域内实现了经济资源的整合，正在成为承载经济要素的主要空间单元，也是未来城镇化的主要努力方向。《全国主体功能区规划》、国家"十三五"规划、国家"十四五"规划等文件中①，均明确强调区域经济发展要以城市群发展为抓手。

作为引领全国经济增长的新动力源，城市群需要提升经济效率，同时应缩小城市群内部的区域差异，以实现区域协调发展。而空间结构反映出城市人口的空间集聚程度，是经济活动的空间分布模式（Anas、Arnott、Small，1998；Henderson，1997）。空间结构的形成与演变深刻地影响并改变了中国区域经济发展的空间格局，也是认识和理解中国城市群发展的重要空间视角。在中国城镇化快速推进的当下，正值城市群空间结构重构的关键时期，探索一种兼具经济效率提升与区域差异缩小的空间结构，是城市群实现协调发展的重要出路。

一、现实背景

现实背景一：中国城市群在经济总量、人口规模、居民收入等诸多方面存在较大差距，这种差距是否与其自身空间结构的特征有关，值得探讨。

现阶段，我国少数综合实力较强的城市群，如京津冀城市群、长三角城市群、珠三角城市群、成渝城市群等，均承担着区域协调发展的历史使命。但从这些城市群发展的现实状况来看，各城市群发展不协调、非均衡的现象十分明显。表1-1对我国五大国家级城市群②的经济总量、城镇化率③、人口密度、经济密度④等不同指标进行对比。从表1-1中可以看出城市群发展不平衡的一些典型特征。在2021年，长三角城市群的GDP总量、人口数量、居民收入以及经济密度等多项指标，均遥遥领先于其他城市群。与同处于"十四五"规划布局中的第

---

① 参见《全国主体功能区规划》《国家发展改革委贯彻落实主体功能区战略推进主体功能区建设若干政策的意见》《中华人民共和国国民经济和社会发展第十三个五年规划纲要》《中华人民共和国国民经济和社会发展第十四个五年规划和2035年远景目标纲要》。

② 这里列出的五大城市群为京津冀城市群、长三角城市群、珠三角城市群、成渝城市群和长江中游城市群。在国家"十四五"布局的19大城市群中，这五大城市群发展成熟程度最高，共同位列"优化提升"的第一层级。其中，京津冀城市群、长三角城市群、珠三角城市群、成渝城市群覆盖的城市范围在后文第四章表4-1中明确列出，长江中游城市群涵盖了武汉城市群、长株潭城市群和环鄱阳湖城市群，具体涵盖的城市范围同第四章表4-1所列。

③ 这里计算的城镇化率是指城市群内部的平均城镇化率水平。

④ 城市群人口密度采用城市群中的各城市常住人口与行政区划面积之比的均值来衡量，经济密度采用各城市GDP与建成区面积之比的均值来衡量。

一层级"优化提升"的京津冀城市群、成渝城市群、珠三角城市群①相比,长三角城市群的发展优势明显。而在城镇化率和人口密度指标上,珠三角城市群的优势十分突出,该地区的城镇化率和人口密度远高于其他城市群和全国平均水平。相比之下,成渝城市群的经济总量是最小的,且城镇化率水平也低于全国平均水平。

表 1-1 2021 年中国五大城市群的经济发展水平对比

城市群	GDP(亿元)	常住人口数量(万人)	城镇化率(%)	居民收入(元)	经济密度(亿元/平方千米)	人口密度(人/平方千米)
京津冀城市群	95640	10747	64.12	41291	22.41	609
长三角城市群	202573	13660	74.73	61169	32.62	1073
珠三角城市群	100585	7801	82.44	53560	24.54	2584
成渝城市群	73602	9732	54.12	39152	18.04	478
长江中游城市群	88035	10416	61.41	38437	23.15	307
全国	1149224	141260	63.89	32189	—	—

资料来源:笔者根据《中国城市统计年鉴》各城市的数据计算所得,城市群包含的具体城市名单如表 4-1 所示。

城市群发展的不平衡问题正是我国当前经济发展不平衡的集中体现,如何化解新时代下城市群发展失衡问题,是学术界和政府都关注的重大现实问题,直接关系着当前我国社会主要矛盾的解决。优化结构无疑是解决这一问题的一剂良方(胡鞍钢、程文银、鄢一龙,2018),尤其是空间结构的优化,被认为是促进经济发展的重要"空间"环节(Meijers and Sandberg,2008)。直觉上,单中心空间结构可能导致城市发展无序蔓延,由此带来了低效率和高成本等问题;多中心空间结构"天然"地被赋予了某种程度的公平含义,往往被先验性地认为是缓解区域差距扩大、促进区域均衡发展的有效方案(Baudelle and Peyrony,2005;Rauhut,2017)。在某种意义上,多中心发展是均衡发展的同义词(Meijers and Sandberg,2008)。结合城市群的现实发展现状,引发我们思考:城市群之间发展差距是否与其自身空间结构的特征有关?如果存在这种相关性,那么空间结构的演变如何影响城市群经济发展?这些问题都值得深入探讨。

---

① 《中华人民共和国国民经济和社会发展第十四个五年规划和 2035 年远景目标纲要》中对 19 个国家级城市群的发展定位分为三档,其中,5 个城市群(京津冀城市群、长三角城市群、珠三角城市群、成渝城市群、长江中游城市群)处于第一层级"优化提升";5 个城市群(山东半岛城市群、粤闽浙沿海城市群、中原城市群、关中平原城市群、北部湾城市群)处于第二层级"发展壮大";9 个城市群处于(哈长城市群、辽中南城市群、山西中部城市群、黔中城市群、滇中城市群、呼包鄂榆城市群、兰州—西宁城市群、宁夏沿黄城市群、天山北坡城市群)处于第三层级"培育发展",19 个城市群构筑成"两横三纵"的城镇化战略格局。

现实背景二：实践中，多中心理念的实施效果参差不齐，其有效性存疑。

从注重应用的规划领域衍生出来的多中心理念，作为一种重要的空间治理模式而被寄予厚望，目前被广泛运用于城市、区域或国家的实践中。然而，在国内外实践中，多中心理念的实施效果参差不齐。从国外多中心理念的实践来看，荷兰的兰斯塔德地区一直被认为是多中心规划的成功案例，但近年来面临着通勤压力增大、城市间功能分工不合理等诸多负面问题（Lambregts，2006）。Vander-motten、Halbert、Roelandts 等（2008）的研究也证实，以多中心发展为指导原则的欧盟内部，城市之间的排他性竞争导致多中心空间结构难以为欧盟带来整体经济效率的提升。从国内城市群发展来看，随着《京津冀协同发展规划纲要》《长江三角洲城市群发展规划》《粤港澳大湾区发展规划纲要》等多个国家战略规划文件先后出台①，各城市群都提出多中心发展战略。其中，长三角城市群是国内最早开始实施多核分散化发展的国家级城市群，有研究表明，长三角城市群的多中心程度在 2010 年以后表现出缓慢下降趋势，京津冀城市群和珠三角城市群的多中心程度均在 2014 年以后呈现明显下降趋势（刘修岩、马宁、陈露，2021）。在空间尺度较小的城市层面，有研究表明，已经实施多中心战略多年的上海市，基于居住和就业功能的多中心结构也尚未形成（孙斌栋、郭睿、陈玉，2019）。

多中心战略的实施效果并不理想，与空间结构本身具有明显的路径依赖特征有密切的关系。短期内，空间结构很难发生根本性转变，尤其是从单中心空间格局到多中心空间格局的转变尤为困难。例如，以伦敦为核心的伦敦都市圈，实施多年的多中心战略，仍然没有改变该地区长期形成的单中心空间格局。

与此同时，我们应清醒地认识到，多中心发展模式并不天然地具备绝对优势。诸如城市群内部各城市之间如何分工协作、如何确定中心城市的承载力和功能性，以及部分跨省份的城市群如何消除或降低明显的市场边界和政策壁垒等问题，都严重阻碍多中心战略的实施。尽管在空间治理方案中，多中心理念作为一种重要的模式选择，被广泛地用来指导城市体系的建设和发展。但国内外多中心理念的实施程度参差不齐，部分城市群的实践效果并不理想，导致在实践中对多中心理念的有效性存疑。

现实背景三：在空间结构重构的窗口时期，通过空间结构演化解决"大城市病"、实现区域共赢，是城市群空间治理的重要手段。

---

① 《京津冀协同发展规划纲要》于 2015 年出台；《长江三角洲城市群发展规划》于 2016 年出台，并于 2019 年出台《长江三角洲区域一体化发展规划纲要》；《粤港澳大湾区发展规划纲要》于 2019 年出台。

中国正处于城镇化加速发展的过程中，2011 年，中国城镇化率历史性地突破了 50%，城镇人口数量正式超过农村人口数量，标志着城镇化发展进入了新的阶段。国家统计局公布的数据显示，2022 年，中国城镇常住人口达到 9.21 亿人，城镇化率达到 65.22%。在城镇化快速推进过程中，不仅带来了流动人口规模的迅速扩张，也加剧了房价高企、空气污染、交通拥堵等"大城市病"。根据历年人口调查数据显示，流动人口从 1982 年的 675 万人增长到 2015 年的 2.47 亿人，再到 2021 年约有 3.85 亿流动人口。随着户籍制度不断松绑、交通设施和通信技术的日趋完善，越来越多的流动人口，特别是农业转移人口，期望通过转移就业成为市民，而就业机会更多、收入水平更高的城市群成为择业和居住的首选。购房压力、通勤成本、空气污染等"大城市病"引发了外来人员对"安居"的思考和担忧，长此以往，也会对人口流动的方向产生较大的影响。

城镇化的快速推进改变了城市群原本的规模分布特征。在城市群空间结构重构的关键节点上，能否通过空间结构优化解决"大城市病"、实现区域共赢，是城市群空间治理的核心问题（孙三百、黄薇、洪俊杰等，2014）。因此，对空间结构的经济效应进行科学分析和严谨论证，具有重要现实意义。

二、理论背景

理论背景一：现有文献关于空间结构经济效应的讨论并不充分，研究视角也不全面。

现有文献关于空间结构的研究和讨论并不充分，多侧重于对空间格局的表征、演化过程进行描述和判断。毋庸置疑，这种分析是必要的，但从经济学理论出发，对空间结构产生什么样的经济效应这一主题展开的讨论不足。Meijers（2008a）、Rauhut（2017）的文献均指出，对多中心空间结构能否有效促进区域均衡发展、提高区域竞争力，缺少有力的经济学论据支撑。尤其是在政策制定和城市规划中，多中心战略备受关注且被大力推行（孙斌栋、魏旭红，2016）。这提醒人们，应对空间结构的经济效应做出科学严谨的价值判断，尽早回答何种形式的空间结构能够兼顾经济效率提升和区域差异缩小这一问题，以避免在政策引导和战略方向上出现失误。

但事实上，空间结构的经济效应是复杂的，若想对其进行全方位描述或系统论证，是一项巨大的工作。把握经济效应的核心内涵并加以判断，是本书研究的出发点。笔者梳理现有文献发现，在分析空间结构的经济效应时，多数研究关注经济效率、经济增长等话题，对区域差异的讨论不够充分，研究视角并不全面。经济增长和区域差异从不同侧面反映了空间结构的经济效应，体现了区域协调发展的核心内涵，两者缺一不可。如果仅聚焦于经济效率或区域差异某一方面，容易产生疑问：有利于提高经济效率的空间结构是否有利于缩小区域差异？有利于缩小区域差异的空间结构也有利于提升经济效率吗？

从学术研究的价值来看，现有文献的不足还体现在，即使仅从某单一视角出发，已有文献也未得出一致性结论。比如，在讨论何种形式的空间结构能够提升经济效率这一问题时，现有文献就存在两种截然相反的研究结论。文献研究中既能找到支持多中心结构的证据（Meijers and Burger, 2010；孙斌栋、魏旭红，2016；李琬，2018），也存在支持单中心结构的经验证据（Fallah、Partridge、Olfert，2011；刘修岩、李松林、陈子扬，2017；于斌斌、郭东，2021）。两种截然相反的研究结论，不利于正确理解现行区域政策。此外，也有文献倾向于以某一特定城市群为研究对象（如京津冀城市群、长三角城市群等）展开讨论，这种做法无法从全局角度寻求经济学意义上的普遍规律。

因此，在论述空间结构的经济效应时，应该着重把握经济效应的核心内涵，综合考虑经济效率效应和区域差异效应，同时应正面回答这些看似冲突的学术观点，采用规范的研究方法来解答现行政策，这也是理论研究的初衷。

理论背景二：对经济效率和区域差异的研究，缺乏基于"空间"视角的价值判断。

事实上，经济效率和区域差异具有鲜明的空间属性。在关于经济效率和区域差异的研究中，不能将经济系统假定在一个理论的"点"上，应重点考虑"空间"因素的影响。而现有相关研究，大多关注于资本、劳动力、技术、文化等因素的作用，恰恰忽视了基于"空间"视角的判断。缺失空间维度的思考，不仅在分析框架上无法统一报酬递增与一般均衡理论（张玉卓，2017），也无法解答政策含义或指导政策实践。

从20世纪80年代开始，空间因素已经引起经济学者的普遍关注（Alonso，1971；Glaeser and Kahn，2004；Meijers，2008b）。以克鲁格曼为代表的新经济地理学派，在规模报酬递增的假设条件下，把"空间"这一重要因素纳入经济学的分析框架内。但新经济地理学侧重于强调空间上集聚"规模"对经济发展的重要性，对集聚"结构"的重视不够（孙斌栋、魏旭红，2016）。相比丰富的集聚"规模"的研究成果，集聚"结构"对经济活动的影响并未引起足够的重视（张婷麟，2019）。但"结构"同"规模"一样重要，均能显著影响经济发展。特别是不合理的空间结构容易引发严重的负效应，如环境恶化、交通堵塞等（Au and Henderson，2006）。再加上空间结构存在明显的路径依赖特征，以及中国特有的土地转型特征、政府公共财政制度等多种力量交织在一起，加大了空间结构演变的复杂性和不确定性（郑思齐、孙聪，2011），同时也加大了理论研究的难度。

三、研究意义

空间结构的经济效应是复杂的。本书从经济效率和区域差异两个方面来分析城市群空间结构的经济效应，从空间结构演化视角来论证效率和公平的兼容性，以期提供对空间结构经济效应的准确认知。更重要的是，经济效率和区域差异与区域协调发展目标——"发展"和"协调"相对应，也与共同富裕的核心要义——效率与公平相吻合。因此，在研究空间结构的经济效应中，经济效率和区域差异缺一不可。本书为促进区域协调发展和实现共同富裕提供新的思考，具有重要的研究意义。

第一，从经济效率和区域差异分析空间结构经济效应，可为区域协调发展提供理论支撑。

区域协调发展已经成为区域经济发展的共识。从"九五"计划开始，国家就把区域协调发展作为一项重要的战略方针，先后实施了西部大开发、振兴东北地区等老工业基地、促进中部地区崛起、支持东部地区率先发展等重大区域发展战略。2014年12月召开的中央经济工作会议明确提出，重点实施"一带一路"、京津冀协同发展、长江经济带三大战略。党的十九大报告中，把"实施区域协调发展战略"作为"贯彻新发展理念，建设现代化经济体系"的重大举措之一（习近平，2017）。党的二十大报告提出，促进区域协调发展，强调"以城市群、都市圈为依托构建大中小城市协调发展格局"（习近平，2022），为新形势下促进区域协调发展提供了根本遵循。从早期谋划区域协调发展理念，到后期国家战略的层层部署和优化调整，无不凸显了中央政府努力推进区域协调发展的意旨；从改革开放之初建立的以沿海地区支撑全国经济高速增长的"单极"格局，到现阶段由沿海与中西部地区多个增长极支撑的"多极共生"新格局，佐证了区域协调发展的新趋势。

新趋势下，合理的空间结构应与区域协调发展的目标是吻合的。区域协调发展战略强调空间上的均衡发展，经济效率和区域差异分别对应了区域协调发展中"发展"和"协调"的核心要义。从经济效率提升和区域差异缩小来分析空间结构的经济效应，可反映出区域协调发展的内在逻辑，对兼顾效率提升与差距缩小的城镇化路径也具有较强的实践价值。

第二，从经济效率和区域差异分析空间结构的经济效应，可为共同富裕提供切实有效的政策路径。

党的二十大报告指出，共同富裕是中国特色社会主义的本质要求，也是一个长期的历史过程。习近平（2021）指出，共同富裕是社会主义的本质要求，是中国式现代化的重要特征。坚持以人民为中心的发展思想，在高质量发展中促进共同富裕。如何实现共同富裕，是中国特色社会主义新时代的重大议题。共同富裕的内涵可从社会层面和经济层面来解释①：从社会层面讲，共同富裕应坚持以人民为中心的发展思想，强调"发展为了人民、发展依靠人民、发展成果由人民共享"的基本理念，实现居民收入增长、收入分配格局得到改善、公共服务水平得到显著提升、生活品质实现新进步等主要目标（肖若石，2021）。因此，共同富裕体现出发展性、共享性和可持续性的统一，涵盖了以人民为中心的发展思想和经济高质量发展的内在要求。从经济层面讲，学者普遍认为，兼顾效率与公平是共同富裕的根本要求，共同富裕的核心在于实现效率和公平的双赢。因此，共同富裕不仅要解决"富裕"的问题，还要兼具"共同"的含义，即既要从经济效率角度强调如何把"蛋糕"做大做强的发展问题，也要从缩小区域差异角度突出"共享蛋糕"的公平问题，两者结合，共同赋能共同富裕。

因此，以经济效率和区域差异来考察空间结构的经济效应，可涵盖共同富裕的核心内涵，尤其是以全要素生产率来表征经济效率，更为经济效应赋予了高质量发展的内涵，满足"从高质量发展中促进共同富裕"的路径要求。因此，从经济效率和区域差异来分析空间结构的经济效应，可为兼顾效率和公平的共同富裕目标提供理论依据和政策启示。此外，共同富裕和区域协调发展也存在联系，

---

① 本书着重从经济层面而非社会层面讨论空间结构的经济效应，只有通过厚植共同富裕的经济基础，才能最终实现共同富裕（李实，2021；高培勇，2022），这也是中国共产党一直坚持的立场和观点。

区域协调发展是扎实推进共同富裕的必由之路，也是实现共同富裕的必然要求。

第三，从经济效率和区域差异分析空间结构经济效应，可满足不同经济主体的利益诉求。

在城市群形成演变的过程中，体现出经济活动从企业聚集到产业聚集再到城市聚集的延伸，各经济主体不仅受到本地集聚的影响，也享受到城市共同集聚带来的好处（李培鑫、张学良，2021）。在市场经济体制下，无论是企业还是居民等经济主体，其空间决策的依据主要是基于对自身经济效益的考虑。企业和居民对空间结构经济效应的诉求是不同的。在企业视角下，经济效率提升是企业安身立命之根本，企业对空间结构经济效应的诉求在于借助集聚外部性提高生产率，为自身获取更多集聚红利。在居民视角下，区域差异的缩小既是人民安居乐业的共同期盼，也是居民对共同富裕的直观理解。因此，经济效率的提升和区域差异的缩小是企业和居民这两大经济主体关心的核心问题，本书选择以经济效率和区域差异来分析空间结构的经济效应，可满足不同经济主体的利益诉求。尤其是对于空间结构与区域差异的讨论，有助于解答人口在哪里集聚使收入更均衡的问题，为城市群不同城镇化道路的选择提供重要思路。

第二节 研究问题与框架

一、研究问题

综上所述，从现实背景来看，中国城市群发展存在不平衡问题，这种发展差距是否与其自身的空间结构特征有关，值得进一步探讨。国内外多中心战略的实践效果参差不齐，其有效性存疑。在学术研究中，关于空间结构的经济效应，现有文献尚未得出一致性结论，对其中的经济学机制更缺乏充分的讨论。在此背景下，本书以中国城市群为研究对象①，从经济效率和区域差异两个方面探析空间

---

① 本书选择城市群作为研究对象，设定20个城市群为研究样本，围绕"城市群"这一空间组织形式展开分析和论证。关于非城市群地区，在书中第四章事实分析中对比了城市群地区和非城市群地区的总体发展特征，在第五章和第六章的实证研究中，未考虑非城市群地区的空间结构经济效应。

结构的经济效应，并对其中的作用机制进行深入分析。

本书主要研究三个问题：

第一，中国城市群空间结构呈现怎样的典型特征和演化逻辑？

第二，何种形式的空间结构有利于提升经济效率，是否存在门槛效应？

第三，何种形式的空间结构有利于缩小区域差异，作用路径为何？

最后总结回答，何种形式的空间结构可兼顾经济效率提升与区域差异缩小？

结合上述问题，本书作了以下探讨：

第一，判断中国城市群空间结构的演化趋势，并讨论经济效率和区域差异的基本事实。

如何合理地测算城市群空间结构，判断其演变趋势和特征事实？城市群空间结构的差异又蕴含着怎样的演进逻辑？在中国城市群语境下，经济效率提升和区域差异缩小能否同时实现？本书从中心性维度来刻画空间结构，以企业全要素生产率和地区间差异指数表征经济效率和区域差异，对中国城市群空间结构的演变趋势、经济效率和区域差异等基本事实进行描述分析。基本事实分析有助于认识城市群空间结构的演变逻辑，也能够更好地理解城市群协调发展的经济基础，可以作进一步研究的前提。

第二，讨论城市群空间结构对经济效率的影响，并探究其中的门槛效应。

经济效率是空间结构产生经济效应的重要方面。本书讨论并验证了城市群空间结构对经济效率的微观影响，以及中心城市规模的门槛效应。在理论分析部分，本书构建了概念模型，从空间结构的演进逻辑来分析经济效率提升效应，即什么因素促进城市群从单中心空间结构向多中心空间结构演化，以及在这一演化过程中对经济效率的影响如何？在经验研究部分，本书运用企业级数据，验证了城市群空间结构对经济效率的微观影响，并基于概念模型的阐述验证了中心城市规模的门槛效应，确定出中心城市的门槛规模。关于城市群空间结构之于经济效率的研究，有助于对现行的城市群空间治理模式进行合理解读。

第三，讨论城市群空间结构对区域差异的影响，并探究其中的作用路径。

区域差异同样也是空间结构产生经济效应的重要内容，尤其是地区间差异指数既是区域差异的直观表现，也是共同富裕的重要内容。本书讨论了不同空间结构对区域差异的影响，重点探究了多中心城市群空间结构实现共同富裕的路径。不同的空间发展模式隐含着不同的城镇化道路，高效精准的区域政策和城市规划更须基于对空间结构的经济学机制的深入理解和准确把握。对空间结构与区域差异的讨论，有助于解答人口在哪里集聚使收入更均衡的问题，并为城市群城镇化道路的选择提供新的思考。

基于以上分析，本书试图回答：何种形式的空间结构具有提升经济效率和缩小区域差异的双重积极效应？笔者猜想，若多中心空间结构是实现效率与公平兼得、促进区域协调发展的一种有效空间发展模式，那么面向未来，在推进区域协调发展的过程中，应充分重视多中心空间发展策略的作用。同时也应该思考，若多中心空间结构具有提升经济效率和缩小区域差异的积极效应，是否有一定的门槛条件和具体的作用路径？多中心战略能否整齐划一地运用于所有城市群？如果多中心结构不是一种绝对最优的空间发展模式，那么在实践中，应因地制宜地支持相对最优的空间发展模式，有差别地探索城市群发展的具体路径。本书将通过事实判断、理论研究和经验论证给出合理的解释。

二、研究框架

基于以上研究内容，本书按照"提出问题—分析问题—解决问题"的顺序形成研究思路，按照"理论分析—事实分析—经验分析"的逻辑层层展开。本书的结构安排如下：

第一章为绪论。本章介绍了研究背景与意义、研究问题与框架、研究数据与方法以及可能的创新与贡献。

第二章为理论回顾与文献综述。本章对城市群、空间结构等关键概念进行梳理，并回顾了单中心理论模型和多中心理论模型。同时，针对空间结构对经济效率的影响、空间结构对区域差异的影响两个方面进行文献梳理，与全书逻辑形成呼应。

第三章为城市群空间结构经济效应的理论分析。本章以经济效率和区域差异来分析城市群空间结构的经济效应。通过概念模型来阐述空间结构对经济效率的影响，并剖析了中心城市规模异质性的门槛效应；通过构建理论假说以阐述空间结构对区域差异的影响，并深入剖析其中的作用机制。

第四章为城市群空间结构、经济效率与区域差异的基本事实。本章从两个方面展开：一是对城市群空间结构的演变趋势进行分析，以便为当前中国城市群经济活动的空间分布提供一个直观印象；二是以企业全要素生产率和地区间差异指数来表征经济效率与区域差异，对此展开经验观察。

第五章为城市群空间结构对企业全要素生产率的影响。本章以企业全要素生产率表征经济效率，首先检验了城市群空间结构与企业全要素生产率的因果关系；其次以中心城市规模为门槛变量，检验了城市群空间结构对企业全要素生产率的非线性影响，并确定出这种影响下中心城市的门槛规模。经验研究为现行的空间治理策略选择提供了合理的解释。

第六章为城市群空间结构对区域差异的影响。本章以地区间差距指数表征区域差异，首先探讨了城市群空间结构与地区间差异指数的因果关系；其次采用中介效应模型对这一影响背后的经济学机制进行检验，即检验劳动力流动和城市间功能分工的作用路径。经验研究为共同富裕的城镇化道路提供了经验依据。

第七章为研究结论、政策启示与未来展望。本章总结研究结论，并根据研究结论提出政策启示和研究展望。

本书的研究技术路线如图 1-1 所示。

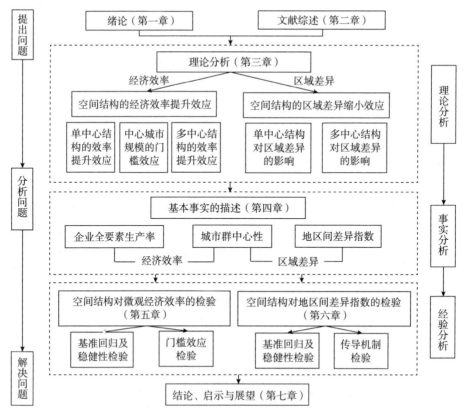

图 1-1　本书的研究技术路线

第三节　研究数据与方法

一、研究数据

（一）全球夜间灯光数据

采用传统的经济社会统计数据（如人口或就业数据）来刻画空间结构时，往往存在局限性[①]。在本书研究中，采用相对客观的卫星监测数据来测度空间结构指数[②]并总结其演变规律，具有明显的数据优势。夜间灯光数据在经济学领域已经得到广泛应用（Henderson、Storeygard、Weil，2012；徐康宁、陈丰龙、刘修岩，2015），是研究经济活动及其影响的有力工具。在经验研究中，夜间灯光数据能够剔除行政区划变更的影响（陈旭、邱斌，2020），而且与人口分布、经济总量、居民收入等诸多社会经济因素存在显著相关性（吴健生、牛妍、彭建等，2014；潘竟虎、李俊峰，2016），能够相对客观地反映地区密度、人均收入、经济活动的空间分布等多维信息，是衡量经济动态发展的有效指标之一（Zhang and Seto，2011；Jean、Burke、Xie et al.，2016；Henderson、Squires、Storeygard et al.，2018）。在本书研究中，利用重构的 2000~2020 年可比较的夜间灯光面板数据集，测度城市群空间结构的中心性指数，测算结果合理。关于对夜间灯光数据的处理与构建，在第四章第一节中予以详细说明。

（二）中国工业企业数据库

经验研究中，数据的精细程度和质量高低直接决定了经验研究的准确性。相比宏观加总数据，微观数据包含了更多的个体信息，更容易保证估计结果的一致性和有效性，在经验研究中具有明显优势。本书采用"中国工业企业数据库"中的相关指标来测算企业全要素生产率，将其作为经济效率的代理变量。考虑到

---

① 采用人口和就业等经济社会统计数据来测算空间结构指数时，存在一定的局限性。局限性的具体表现在第四章第一节的第三部分予以详细说明。

② 除夜间灯光数据外，本书在测算空间结构指数时，还采用官方公布的城市经济统计数据（如城市常住人口、就业数据和城市人均 GDP 等）作为辅助，从多个数据源对中心度指数进行检验。

该数据库具有时间长、样本大、指标多等优点，但同时也存在企业代码匹配混乱、部分变量数值异常、指标测度误差明显等诸多问题（聂辉华、江艇、杨汝岱等，2012），笔者对原始数据库进行了细致处理，具体处理过程如附录3所示。

（三）城市社会经济数据

除相对客观的卫星监测数据和大样本的企业级数据外，本书还使用大量社会经济统计数据，如城镇居民人均可支配收入、城市 GDP、常住人口、城镇化率等。这些数据来源于历年的《中国城市统计年鉴》《中国区域经济统计年鉴》《中国城乡建设统计年鉴》《中国城市建设统计年鉴》，以及历年各省份统计年鉴和统计公报。综合卫星监测的夜间灯光数据、大样本的工业企业数据库，以及社会经济统计数据等多种数据源形成的基础数据库，为后文展开统计描述和实证检验提供了良好的数据基础。

二、研究方法

本书强调多理论、多学科的交叉融合，在研究中综合了多种研究方法：

（一）理论研究与实证研究相结合

经济学研究注重理论研究与实证研究的结合。科学的方法论可以从经济现象中发现问题，并能挖掘出这些问题背后隐藏的因果推断或作用机理。首先，任何一项规范的经济学研究都是以理论分析作为根基，本书同样将理论研究作为核心内容。通过构建概念模型、建立理论假说等方式，系统地阐述了城市群空间结构对经济效率和区域差异的影响，增强了理论研究的逻辑性。其次，严谨的实证分析是经济学研究的必要技术手段。针对城市群收入收敛效应、空间结构对经济效率的影响、空间结构对区域差异的影响等问题，本书展开了严谨的实证检验，尽可能增强研究结论的科学性。理论研究和实证研究的结合，能科学地揭示研究问题背后的经济学规律。

（二）文献分析与经验分析相结合

本书结合文献分析和经验分析两种方法展开讨论。文献分析是学术研究的重要环节，本书针对城市群概念、空间结构的认识、空间结构与经济效率、空间结构与区域差异等方面的重要文献进行梳理，全面掌握本领域的研究成果，找出可拓展的研究空间，进一步明确本书的研究思路。除文献分析外，经验分析也是研究的重要支撑。本书从事实描述和实证检验两种思路展开经验论证。首先，在第四章中针对城市群空间结构演化特征、企业全要素生产率和地区间收入收敛性等事实进行了详实的描述分析；其次，在第五章和第六章中，实证检验了城市群空间结构对经济效率和区域差异的影响关系，并对其中的门槛效应和作用路径进行验证。以文献分析为铺垫，以经验分析为支撑，两种分析方法结合下，研究结论更有说服力。

（三）一般性分析与异质性分析相结合

一般性分析是针对经济学现象进行系统性描述分析，并寻求背后隐藏的一般性、普遍性的经济规律。异质性分析也是经济学研究的常用方法，是把研究对象分类化、具体化，将理论假说应用于不同类别的对象，并予以分析和验证，便于精细化、差别化地制定经济政策。在第五章和第六章的经验研究中，一方面从统计学意义论证了城市群空间结构对经济效率与区域差异的因果影响，试图寻找出空间结构的经济效应的普遍性经济规律；另一方面结合新经济地理学、城市经济学等相关理论，展开了大量的异质性讨论，以期丰富研究结论。

第四节 可能的创新与贡献

本书以城市群为研究对象，从经济效率和区域差异两个方面评价了城市群空间结构的经济效应。与已有研究相比，本书的创新与贡献可能有：

第一，在分析视角上，本书从经济效率和区域差异两个方面来评价空间结构的经济效应，体现出区域协调发展的核心要义和共同富裕战略目标的根本内涵，提供了对兼顾效率与公平的空间治理模式的完整认知，缓解了效率与公平的对立关系。具体来讲，其一，以经济效率和区域差异来评价空间结构的经济效应，避免只强调区域效率而忽视区域均衡发展，或只重视区域均衡发展而忽视区域效率的局限性。综合考虑经济效率与区域差异，符合区域协调发展的战略目标。其二，以经济效率和区域差异来评价空间结构的经济效应，既强调了"如何把蛋糕做大"的"富裕"问题，又突出了"共享蛋糕"的共同性问题，与共同富裕战略目标的核心内涵相吻合，可反映出共同富裕的内在逻辑。其三，以经济效率和区域差异来评价空间结构的经济效应，既满足了企业对提升经济效率的诉求，也满足了居民对缩小区域差异的愿望，两者结合解决了不同经济主体关心的核心问题。

第二，在研究数据上，本书克服已有经验研究的不足，选取大样本的企业级数据和相对客观的卫星监测数据来表征相关代理变量，尽可能地提高数据质量的精细程度和相对客观性。数据是经验研究的细胞，数据质量的精细程度和客观性直接决定了经验研究的准确性。本书利用夜间灯光数据刻画了中国城市群空间结构的演变规律，规避了人口或就业数据测量可能带来的偏误。同时借助于大样本的企业级数据验证了空间结构的效率提升效应，避免了宏观加总数据对微观个体特征的掩盖。此外，在实证方法的选择上，本书结合多种因果识别方法（如面板固定效应估计、系统 GMM 估计、两阶段最小二乘估计等）和多种数据源，尽可能保证估计结果的一致性和有效性。

第三，在作用机制上，本书讨论并验证了城市群空间结构产生经济效应的作用路径及门槛效应。在证实多中心结构具有提高经济效率和缩减区域差异的统计学意义上的显著效应后，本书还着重分析了这一因果关系下的作用路径及门槛效应。比如，在分析空间结构的经济效率效应时，本书创新性地提出了城市群空间结构对经济效率的影响依赖于中心城市规模异质性的逻辑框架，并检验了中心城市规模的门槛效应。这直接解释现实中不同空间结构的城市群均具有提升企业生产率的积极效应。又比如，在讨论城市群空间结构对区域差异的影响时，本书着重验证了这一因果关系下的作用机制，以便全面把握经济规律、准确识别作用路径，为现实经济现象的解释提供有力支撑。

第二章　理论回顾与文献综述

本章按照历史和逻辑顺序对关键概念、重要文献以及经典理论进行梳理，主要包括两个方面：一是对城市群概念的演变、对空间结构的认识，以及对单中心和多中心理论模型等方面进行梳理；二是对空间结构与经济效率、空间结构与区域差异等方面的重要文献进行梳理和评述，找出可拓展的研究空间，进一步提炼本书的研究思路。

第一节　概念辨析

概念辨析是问题研究的基础。城市群（Urban Agglomeration）这一概念起源于西方，后引入国内，是一个兼具中西方特色的、相对理想化且难以明确界定的概念（江曼琦，2013）。从最初的单一城市，发展至以通勤为半径的都市圈，再发展至以网络联系为纽带的城市群，城市群经历了漫长的发展过程；从以中心城市为主导的单中心空间结构，演变至以网络外部性为依托的多中心空间结构，城市群的空间形态也经历了不同的发展历程。在城市群形成演变的过程中，受发展阶段差异和研究视角差异的影响，学术界对其概念的界定形成了不同的认识。

一、城市群概念的演变

（一）国外对城市群概念的认识

在城市群漫长的发展过程中，学术界对这一空间组织的认识、对其概念的界定也在不断调整，由此形成了不同的名称。国外与城市群相关的概念有，Town Cluster（城镇密集区）、Conurbation（集合城市）、Megalopolis（大都市带）、City-Region（城市功能区）、World City（世界城市）、Mega-Urban Region（超级都市区）等。

城市群概念的由来，最早可追溯到 19 世纪 90 年代初期，英国学者 Howard 于 1898 年提出的"Garden City"（田园城市）理念，其对卫星城的设想可视为多中心理念的萌芽，并认为若干个小城镇围绕某一个中心城市构成的城市组群即为田园城市，这一城乡结合体兼具中心城市的高效经济和小城镇的舒适生活的特征（霍华德，2000）。随后，Taylor（1915）提出在大城市周围建设 Satellite Town（卫星城镇）①，以解决城市规模过大导致的一系列问题；Geddes（1915）观察到英国七个城市集合发展的现象，提出 Conurbation（集合城市）的概念，表述了城市组群发展的新形态；Fawcett（1932）提出了一个空间范围更小的"城市群"概念——Town Cluster（城镇密集区），将这种城市群模式限制在城市建成区（Built-Up Area）范围内，认为"城镇密集区"是由城市功能用地组成的连续区域，集结在一起以求共同发展的区域。

1957 年，法国地理学家 Gottmann 将这种由多个城市组合的城市密集区域定义为 Megalopolis（大都市带）②，正式揭开了"城市群"问题研究的序幕。Gottmann（1957）认为，Megalopolis（大都市带）具有要素密集化、高度城镇化、城市功能多样化等特点，且这一独特的地理区域呈现"核心区域高度密集化和整体区域星云状结构"的特点。加拿大学者 McGee（1991）将两个或两个以上的 Desakota（城乡融合区）③ 组成的巨大区域命名为 Mega-Urban Region（超级都市

---

① Taylor 提出的 Satellite Town（卫星城镇），其特点是建筑密度低、环境质量高、一般有绿地与中心城区分隔，目的是分散中心城市的人口和工业。这种卫星城多数是由旧有小城镇发展形成，少数是在新规划的郊区和乡村空地上建设而成，但都需要借助中心城市强大的辐射力。

② "Megalopolis"一词来源于希腊语，Gottmann（1957）在他的论文 *Megalopolis or the Urbanization of the Northeastern Seaboard* 中，用来描述美国大西洋沿岸出现的都市密集区现象，该区域北起波士顿、纽约，南到华盛顿，长约 970 千米，宽 50~160 千米，是由多个城镇组合而成的连绵不断的区域地带。

③ McGee 提出的"Desakota"一词来源于印尼语（desa 意为乡村，kota 意为城镇）。McGee 经过研究发现，许多亚洲国家并未重复西方国家的城镇化过程。西方国家的城镇化主要是由人口和经济社会活动向城市集中，以城市为基础推进城镇化（City-based Urbanization），城市和乡村之间存在显著差别。亚洲发展中国家由于高密度的人口分布、传统的农业经营方式、密集的交通网络等因素的存在，城镇化过程更多表现出以区域为基础的城市化过程（Regional-based Urbanization）。"Desakota"包括由于人口大量流入那些邻近大城市的乡村地区而形成的"Desakota"，或是两个或多个大城市相互向对方扩散而形成的"Desakota"，这些新的发展区域是"Desakota"的不同类型。Desakota（城乡融合区）通常出现于大城市之间的交通走廊地带，通过借助不同区域间的空间相互作用，带动了劳动密集型产业和服务业的迅速发展。

区）。尽管 McGee 提出的 Mega-Urban Region 与 Gottmann 提出的 Megalopolis 的形成机制不同，但两者描述的空间特征基本一致。其后，美国学者 Scott（1996）提出了 Global City-Region（全球城市区域）的概念。英国城市地理学家 Hall 和 Pain（2006）提出了 Mega-City Region（巨型城市区域）的概念，并认为这是一种以 Global City（全球性城市）或 World City（世界级城市）为核心，以及若干中小城市、小城镇组成的城市综合体。

综上所述，尽管受发展阶段差异、研究视角差异等因素的影响，学术研究中对城市群的描述形成了不同的名称，但国外学者对于城市群定义的讨论趋于一致，都是在描述日益扩展的、高密度的地域空间。在这种空间组织模式下，数个都市区在密集的交通网络和频繁的经济往来等因素的作用下，逐渐连接成片，形成一个高度城市化的区域。巨大的城市体系、高度城市化、最低门槛的人口规模等特征，是城市群有别于其他空间组织的重要标志。

（二）国内对城市群概念的研究

自 Gottmann 提出 Megalopolis（大都市带）这一现代意义上的城市群概念后，国内学者展开了大量关于城市群名称的讨论。周一星（1986）首次提出与 Gottmann 的 Megalopolis（大都市带）相对应的概念——都市连绵区，认为都市连绵区是以若干大城市为中心、沿着交通走廊分布、与附近中小城市有频繁的经济联系的巨型城乡一体化区域，并指出这将是中国未来城市发展的方向。肖枫和张俊江（1990）提出了"城市群体"的概念，指由若干个城市有机结合，共同形成的一体化的城市网络。顾朝林、于涛方、陈金永（2002）在 Desakota 和"都市连绵区"概念的基础上，提出与此类似的"大都市伸展区"概念。

除对名称的讨论外，国内学者关于城市群概念的界定也展开了丰富的讨论。早在 20 世纪 80 年代，宋家泰（1980）就提出，城市群是指城市发展及与之有紧密经济联系的周围城市之间形成的一种城市体系。姚士谋、陈爽、陈振光（1998）将城市群界定为，"在特定的地域范围内具有相当数量的不同性质、类型和等级规模的城市，依托一定的自然环境条件，人口密度较大，生产高度技术化，土地利用集约化，以一个或两个超大或特大城市作为地区经济的核心，借助于现代化的交通工具和综合运输网的通达性，以及高度发达的信息网络，发生与发展着城市个体之间的内在联系，共同构成一个相对完整的城市'集合体'"。这一概念界定涵盖了城市群地域结构、等级关系、空间联系和网络型等综合特征，是学术研究中认可度较高的概念。此后，一大批学者（戴宾，2004；苗长虹、王海江，2005；方创琳、宋吉涛、张蔷等，2005）从不同方面给出了城市群的定义。

综合现有文献对城市群概念的讨论发现，政府部门和专家学者从多个角度开展了丰富的研究，这些研究成果对认识和理解中国城市群总体格局起到了重要的作用，也引导国家城镇化规划把城市群作为推进新型城镇化的主体形态（方创琳，2014），对指导实践做出重要贡献。

二、对空间结构的认识

空间结构一直是区域经济学的研究热点。一般认为，空间结构是"城市人口和就业的空间集聚程度"的表达（Anas、Arnott、Small，1998）。对空间结构的认识，可以从不同维度展开分析，比如单中心—多中心、蔓延—紧凑、规模—密度等，也可以从空间结构的特征对其进行解析。

（一）单中心和多中心

单中心和多中心这组概念既注重实践也接近直觉，是刻画空间结构最重要的维度之一，也是目前学术研究的热点（Anas、Arnott、Small，1998；Meijers and Burger，2010）。本书采用单中心—多中心这一维度来剖析城市群空间结构的演变特征。由于多学科的介入，学术界对于单中心和多中心空间结构没有形成统一的定义（Meijers，2008a；Rauhut，2017）。直观来看，单中心空间结构描述了在某一区域范围中，大部分城市人口（或就业人员）高密度地集聚在一个或者两个中心内，而多中心空间结构强调在某一区域范围内，城市人口（或就业人员）相对均匀地分布在多个中心内（Meijers，2008a；李琬，2018）。

在城市群尺度下，单中心空间结构主要表现为，以一个或两个规模较大的中心城市为核心，周边分布着若干与之紧密联系的中小城市，这种城市体系具有明显的垂直等级联系，城市间主次分明。现实中，法国的巴黎大都市区、英国的伦敦都市圈、中国的京津冀城市群等，都是单中心城市群的典型代表。相比之下，多中心空间结构主要表现为，由多个中心城市共同担当城市的高级职能，周边中小城市环绕在中心城市周围形成交互的网络化联系，城市体系中，各城市的主从关系相对模糊，也缺乏强有力的层次结构。有学者指出，多中心空间结构是以形成次中心的方式进行高密度开发的一种空间发展模式，是一种立体式的扩张，也是在分散中的再集聚现象（魏守华、陈扬科、陆思桦，2016；张婷麟，2019）。现实中，荷兰的兰斯塔德地区、德国的鲁尔区、中国的长三角城市群和海峡西岸城市群被视为多中心城市群的典型代表。

（二）蔓延和紧凑

蔓延早期被视为地理学和城市规划领域的概念，后逐渐引入经济学研究中。这一概念在不同学科的融合过程中，集聚经济理论起到了重要作用，也构成了城市蔓延的形成机理之一（Pendall and Martin，2002；Glaeser and Kahn，2004）。城市蔓延的主要特征是人口的低密度分布和土地利用强度下降。随着城市空间快速向外扩张，人口、产业和经济活动逐渐由原先高度集聚于中心城区扩散至周边地区，城市形态呈现分散、低密度等特征。在中国，这种由于土地过度扩张形成的城市蔓延是一种常见的空间结构现象（洪世键、张京祥，2012；秦蒙、刘修岩，2015）。

需要注意的是，尽管城市蔓延与单中心结构均表现出向外密度递减、蔓延与多中心都呈现分散的特征，但城市蔓延与单中心—多中心衡量的空间结构特征并不完全等同。城市蔓延与单中心和多中心之间的关联是，城市体系由单中心向多中心结构演化过程中，城市蔓延起着重要推动作用，但城市蔓延不是城市扩张的唯一方式，也并非城市体系由单中心结构向多中心结构演进的必经之路。在城市空间扩张过程中，水平式的蔓延和立体式的多中心集聚是两种不同的空间扩张形态（魏守华、陈扬科、陆思桦，2016）。单中心城市可以通过空间上低密度地扩张形成城市蔓延，也可以通过"蛙跳"形成一些"次中心"，如制造业次中心、软件园或大学城等服务业次中心，这种不同功能集聚区的立体式的多中心扩张也是城市扩张的重要标志。Glaeser 和 Kahn（2004）研究发现，美国的城市蔓延与城市增长几乎是同时发生，同时也发现，美国的城市蔓延不是政府政策或不合理的城市规划导致的结果，而是汽车、通信等生活方式改变下的必然产物。魏守华、陈扬科、陆思桦（2016）认为，在中国，大中型城市普遍会经历从蔓延向多中心的空间形态演进。

紧凑是一种高密度的发展模式，也是一种与蔓延相对应的城市发展理念，主张城市用地应当紧凑布局，反对低密度扩散式发展，高密度、土地混合利用以及提倡步行、自行车和公共交通出行等是紧凑城市的重要特征（Ewing，1994；Gaigné、Riou、Thisse，2012）。由于"紧凑城市"在节约土地资源，减少资源、能源浪费以及促进城市公平等方面具有积极影响，自这一理念提出以来，紧凑式发展常被认为是能够更有效地实现城市可持续发展的一种空间战略选择（Breheny，1992；Williams、Burton、Jenks，2000）。与单中心空间发展模式相同的是，紧凑式发展同样重视集聚经济在城市发展中的积极影响，不同的是，紧凑式发展不区分整个区域是仅有一个集聚中心，还是有多个集聚中心。在理论分析中，紧凑度通常采用密度来衡量，其内涵被进一步简化。

（三）规模和密度

城市规模与密度也可以反映区域空间的状况，但密度和规模更常用来表征城市集聚经济（Combes and Gobillon，2015）。更重要的是，无论是反映总量的城市规模，抑或是反映均值的城市密度，都不能表达空间结构内部更多的细节。如同样的人口或就业规模，可能有着完全不同的空间布局。

（四）形态和功能

对空间结构的解释还涉及"形态"和"功能"之分。形态上的空间结构主要体现于物质的空间分布，而功能上的空间结构更多关注于"流"的方向（如物质流、信息流或技术流等），或是关注于城市间"联系"的程度（如经济联系或功能联系）。有文献认为，功能上呈现的空间结构是基于形态发展而来，且需要各城市紧密相连时才成立（Meijers，2008b；Hall and Pain，2006）。Burger 和 Meijers（2012）认为，无论是基于功能或者形态哪一种角度对空间结构进行刻画，都是在衡量城市之间相对重要性。考虑到大范围的"流"数据获取比较困难，难以从功能角度探索城市群空间结构的演变规律。若选取个别代表性样本，可能无法寻求普遍性的经济规律。故而本书着重从形态学的角度对中国城市群空间结构进行描述。

三、空间结构的典型特征

在特征上，空间结构具有明显的尺度依赖和路径依赖特征。首先，尺度依赖特征主要表现为，不同区域尺度下的空间结构，很可能表现出不同的形态。比如，在市域尺度上的单中心结构，很可能在城市群或都市圈尺度上表现为多中心结构（Nadin and Dühr，2005；Hall and Pain，2006；Burger、Van der Knaap、Wall，2014）。而且，在不同空间尺度下，空间结构的测度方法也不尽相同。通常情况，城市或市域尺度多采用赫芬达尔指数或者基尼系数测度空间结构指数（Meijers and Burger，2010；谢小平、王贤彬，2012），省域或城市群尺度多采用城市首位度或位序—规模法则（Al-Marhubi，2000；Henderson，2003；张浩然、衣保中，2012）。因此，在研究中要特别关注空间结构的研究尺度。

其次，空间结构具有明显的路径依赖特征（Meijers and Burger，2010）。空间结构的形态一旦形成，往往持续较长时间且不易改变。现有文献认为，集聚经济和基础设施的耐用性是形成空间结构路径依赖的根本原因（Lee，2007；Glaeser and Gyourko，2005）。关于集聚经济的影响，Lee（2007）认为，城市发展初期，或许是受某个偶然事件的影响导致某一经济区位被"选中"，但随着城市经济发展，集聚经济引致的循环累积因果效应会加强这一区位的影响力，以此形成空间结构的路径依赖特征。事实上，如企业区位选择（Arthur，1990；Krugman，1991a）、城市体系形成演变（Krugman，1993；Fujita、Krugman、Mori，1999；Au and Henderson，2006）等因素都能通过集聚经济加强空间结构的路径依赖特征。除集聚经济外，建设环境和基础设施的持续性也是明显的空间结构路径依赖特征的证据（Anas、Arnott、Small，1998）。Glaeser 和 Gyourko（2005）的研究证实，由于基础设施和住房的耐用性，城市的衰落要比城市增长更为缓慢，尤其是交通基础设施，为城市空间结构奠定了底层框架。

第二节　基础理论

以上基于文献梳理形成对城市群概念的辨析和对空间结构的认识，启发本书从形态单中心—多中心这一维度研究中国城市群空间结构的演变规律。以下对单中心和多中心的理论模型进行梳理，这也是本书研究的理论基础。

一、单中心理论模型

新古典区位理论是有关城市空间结构的早期探索，也是最早将其理论化、模型化的经典理论。德国农业经济学家杜能①最早提出关于城市土地利用的同心圆

---

① 杜能. 孤立国同农业和国民经济的关系［M］. 吴衡康，译. 北京：商务印书馆，1986.

圈层模型，研究在单中心假设条件下农业生产方式的土地资源配置问题。该模型中，农业生产者受利润最大化原则的引导，促使农业土地利用方式呈现以城市为中心的同心圆圈层结构。这一模型系统性地阐述了杜能的农业区位理论，成为城市经济学和区域经济学的基础理论之一，激发了大批学者开展后续研究。遗憾的是，在该模型中，城市中心是外生给定的。后期的区位理论，如韦伯的工业区位理论、克里斯塔勒的中心地理论和廖什的市场区位理论等，都是围绕城市中心是外生给定的这一假设展开，虽然这些理论借助于数学、物理等学科的相关概念来解释城市经济活动的空间布局，但这些理论都不能解释城市中心的形成机理（赵红军，2006）。

面对这一问题，Alonso（1964）改进了杜能的同心圆圈层模型，用中心商业区替代"孤立国"、用通勤者来替代农民，构建了城市空间结构均衡模型，并用此模型来分析城市土地利用的最优均衡问题。Mills（1967）、Muth（1969）在Alonso（1964）的模型基础上进一步简化，形成了城市经济学中经典的单中心空间结构模型——Alonso-Muth-Mills 模型（以下简称 AMM 模型）。在一系列严格的强假设条件下[①]，AMM 模型通过分析居民的居住选址行为，同时考虑了城市内部的土地市场与劳动力市场之间的相互作用，得到了城市空间一般均衡状态及其调整过程。同时，AMM 模型还给出了在空间均衡下，人口密度、资本密度、土地租金等从城市中心向外围递减的空间梯度线（郑思齐、张文忠，2007）。AMM模型为单中心空间结构提供了城市空间一般均衡解析的经典范式，成为后续研究的基石。

那么，跳出单中心理论模型，我们需要思考：为什么会产生城市中心？马歇尔（1981）用外部性解释了城市中心的形成，认为正是由于制造业地方化集聚产生的专业化的中间投入品产业、统一的劳动力市场使企业和劳动力同时受益、企业间地理邻近有利于信息传播等机制，构成了形成城市中心的向心力。从外部性来解释城市中心的形成，在某种程度上补充了单中心理论模型的漏洞。此外，关于单中心空间结构的形成机制，学者也从其他视角展开了大量讨论。Myrdal（1957）认为，循环累积因果效应加强了单中心空间结构的自我强化机制；Lee

---

① AMM 模型的假设是，存在一个既定规模的城市；就业高度集中于城市中心，中心以外的地区是土地和居民居住区；从居住区到城市中心存在唯一的交通成本，且从外围不同方向到城市中心的交通成本都是相等的；企业不使用土地，也不进行空间区位选择；居民则在通勤成本和住房价格之间进行选择。

和 Gordon（2011）认为，集聚经济以及基础设施和住房的持续性使空间结构具有明显的路径依赖特征，加强了初始形成的单中心结构，因此，从单中心结构向多中心结构的转变不会轻易发生。

二、多中心理论模型

（一）多中心发展理念的出现

随着城市规模的持续扩张，郊区化发展逐渐明显，单中心空间结构模型不再具有很好的现实解释力（Clark，2003）。尤其在大城市，距离城市中心的远近不能很好地解释人口和就业的空间分布（Small and Song，1994；McMillen and McDonald，1998）。在此背景下，多中心发展理念应运而生。当前，在城市规划领域，多中心战略正成为备受推崇的空间发展理念。世界各国多采用多中心战略对城市群、都市圈，甚至是超特大城市的空间发展加以规划和引导，多中心空间发展模式逐渐成为区域协调发展的重要政策工具和规划手段。

事实上，在 20 世纪 60 年代，美国已经出现了多中心城市。到 20 世纪 90 年代，多中心理念已经普遍存在于西方发达国家的规划领域。在此背景下，与多中心发展相关的城市概念，诸如"边缘城市""卫星城""新城""次中心"等概念应运而生。Garreau（1991）首次提出"边缘城市"的概念，意指在城市主中心外围建立起来的副中心，其发展更具战略意图，是主中心潜在的资源竞争者。关于"次中心"的研究兴起于 20 世纪 80 年代，McMillen 和 Smith（2003）认为，"次中心"的出现与中央商务区（CBD）相呼应，"次中心"具有较低的生产成本，CBD 拥有较强的规模经济，两者共同构成多中心城市。Riguelle、Thomas、Verhetsel（2007）认为，"次中心"比外围地区具有更高的就业密度和产业集聚度，将来极有可能发展为"边缘城市"。魏守华、陈扬科、陆思桦（2016）、张婷麟（2019）等认为，以"次中心"的方式进行高密度开发，是典型的多中心发展模式，相比水平式的蔓延模式，这种立体式的多中心空间集聚是一种更高效的城市空间扩张的形态。从多中心理念的实践来看，城市多中心化发展是经济规律和政府政策共同作用的结果，多中心理念的出现并非凭空想象，而是为解决城市问题而实施的一种有效空间组织形态。

（二）多中心理论模型

理论上，霍华德的"田园城市"构想是多中心理念的最初原型。Friedmann

（1966）提出的区域发展阶段理论，较好地阐述了区域发展阶段与空间结构演变之间的关系，认为区域经济从初始的低水平阶段向高层次阶段发展过程中，空间结构经历了从初期的均质空间到单中心集聚，再到后期的多中心均衡发展的演化过程。

在数理模型中，多中心空间结构的一般均衡解析模型，基本都是在 AMM 模型的基础上拓展而得①。比如，Ogawa 和 Fujita（1980）、Fujita 和 Ogawa（1982）将集聚经济思想融入 AMM 模型中，基于微观层面的企业和居民区位决策行为，构建了一个非单中心的城市土地利用模型，将影响企业区位选址的向心力（如技术外部性、规模报酬递增等）和离心力（包括通勤成本在内的劳动力成本、地租成本等）纳入模型，推导出单中心结构向多中心结构演化中的多重均衡问题。在这一逻辑框架下，城市区位决策主体（居民和企业）之间的交流和互动导致了土地用途的混合使用，城市次中心被内生地决定。正是贯穿于劳动力市场、产品市场和土地市场的居民和企业行为决策及其相互作用，促成了城市空间结构从单中心到多中心的演化。这一重要的理论模型，创新性地解释了城市次中心的形成，以及空间结构的演化逻辑。又如，Lucas 和 Rossi - Hansberg（2002）在 Ogawa 和 Fujita（1980）的研究、AMM 模型的理论框架基础上，引入了企业效用函数，进一步提出了基于集聚外部性的内生城市增长模型（Lucas，2001；Lucas and Rossi - Hansberg，2002；Rossi - Hansberg，2004，这一模型简称 LRH 模型），将单中心城市模型拓展至多中心城市模型，试图为多中心空间一般均衡模型提供均衡解析。LRH 模型中，居民和企业在城市不同区位上可自由竞价，受集聚外部性的影响，城市中心不再是 AMM 模型中所强调的单一就业用途，而是一种混合居住与就业等多种用途的空间模式。在该模型中，居民的区位选择行为促进了多个就业中心的形成，城市次中心也可以内生地被决定。以上这些模型从不同的假设出发，为多中心空间结构下的市场均衡提供了不同的思路。

除对一般均衡模型的讨论外，更多学者关注于多中心空间结构的形成机制。一种观点认为，集聚经济和集聚成本此消彼长的相互作用，是空间结构从单中心

---

① AMM 模型为单中心结构提供了城市空间一般均衡解析，是单中心城市结构的有效分析范式。关于多中心空间结构的理论模型，基本都是改变 AMM 模型的某些假设或是引入个体效用函数，将单中心模型拓展至多中心模型。

向多中心演变的主导力量。随着城市规模的扩大，中心城市的拥挤效应逐渐凸显，企业的用地成本、劳动力成本显著上升，集聚成本超过集聚收益，强调要素单点集聚的单中心结构模式难以为继（Henderson，1974）。这促使居民和企业向外寻找空间，新的城市中心应运而生。当人口和企业有更多的区位选择，城市空间分布形态也相应地发生了变化，由此形成了多中心形态的城市（郑思齐、孙聪，2011）。另一种观点认为，空间结构从单中心向多中心的演化，是微观层面的企业和居民对空间区位选择的结果，这种选择是在受到向心力和离心力的交互作用后达到的均衡状态。当离心力超过某个限度时，单中心结构将被多中心所取代（Fujita and Ogawa，1982）。也有学者从竞争互补机制（Anas、Arnott、Small，1998）、市场潜力（Fujita and Mori，1997）、低地租和薪资支出（McMillen and Smith，2003；Glaeser and Kahn，2004）、全球化和信息化（Hall and Pain，2006）、交通通信技术的进步和知识经济企业的选址（Lüthi、Thierstein、Bentlage，2013）等角度出发分析多中心结构形成的内在机制。

三、不同理论对区域差异的成因的解读

区域差异一直是区域经济学研究的重大理论问题。新古典经济学、制度经济学、新经济地理学等理论，从资本、劳动力、技术、空间等不同角度来解读区域差异的成因，形成了不同的认识。

（一）新古典经济学对区域差异的认识

新古典经济学是有关区域差异的早期探索。该理论认为，诸多投入要素，如外商直接投资（FDI）、人力资本、技术等，在各地区间的配置差异，是造成区域差异的重要原因。若能改变或增加要素供给，则可以有效推动地区经济协调发展。比如，FDI 的空间分布差异就常被认为是区域经济失衡的重要因素。魏后凯（2002）发现，FDI 的空间差异能够很好地解释在 1985～1999 年中国东西部地区存在明显的经济差距这一现象。有研究表明，相比经济基础薄弱的欠发达地区，FDI 对发达地区的经济增长有更显著的促进作用（王成岐、张建华、安辉，2002）。改革开放后很长一段时间内，FDI 受东部沿海地区优惠的政策吸引而集中于此，在极大地提升了东部沿海地区经济发展的同时，也加剧了与中西部地区之间的发展差距（王小鲁、樊纲，2005）。除此以外，人力资本的空间分布不均衡对区域差异也有很强的解释力（金相郁、段浩，2007）。中国各省份的教育资

源、教育水平不平衡，特别是受过高等教育的人口的空间分布很不均衡，导致地区间发展水平存在着较大差距（陈钊、陆铭、金煜，2004）。还有，技术水平的差异也是形成区域经济不协调的重要因素，且技术引进对欠发达地区的外溢效应更强（李光泗、徐翔，2008）。通过加强欠发达地区的技术引进，可有效提速这一地区的经济发展，是缩小区域差异的重要途径。

因此，新古典经济学理论强调，诸如FDI、人力资本、技术等经济要素的空间分布不均衡是造成区域差异的重要原因。如果可以适当地改变要素的空间配置，如增加对欠发达地区的FDI、人力资本、技术等要素的投入强度，可有效缩小区域差异，实现区域均衡发展。

（二）制度经济学对区域差异的认识

制度经济学理论突出强调制度和政策是造成区域差异扩大的主因。其一，有研究表明，中国各省份的经济发展差异可通过内生的、差别化的政策和制度得以解释（徐现祥、李郇，2005）。改革开放以来，沿海偏向的对外开放政策、东部优先的区域发展政策、主动作为的地方投资政策等一系列差别化的政策，在很大程度上导致地区间发展机会的不均等（陈建军、陈国亮，2009；覃成林，2011），由此引致地区间发展差距的扩大。随后出台的"西部大开发""振兴东北等老工业基地""促进中部地区崛起"等区域战略，都在努力解决区域发展失衡的问题。其二，由行政壁垒、地方政府的竞争机制导致的市场分割也是影响区域协调发展的一大因素（刘瑞明、金田林，2015）。行政壁垒下的市场分割，阻碍了区域间商品、人口和技术自由流动，扩大了地区间发展差距（刘斐然、胡立君、石军伟，2021）。尤其是当两地间市场规模差距和技术效率差距较大时，地方政府不再具有维护统一市场的动力，因而主动放弃合作策略，设置较高的行政壁垒以维护本地经济增长，引发严重的市场分割并加剧了地区间发展差距。有研究表明，市场分割对中国中西部地区的负面影响远远大于沿海发达地区（Young，2000；Poncet，2005）。

综上所述，制度经济学理论认为，现行制度和政策对区域差异有直接且显性的影响，合理有效的政策是控制地区差距进一步扩大的有力工具（王小鲁、樊纲，2005）。但也有观点认为，制度和政策的差异可能仅是区域差异形成的某一方面，并不构成充分条件（刘夏明、魏英琪、李国平，2004）。

（三）新经济地理学对区域差异的认识

新经济地理学将集聚经济视为区域经济非均衡发展的根本原因，地区间差距扩大的内在逻辑是集聚力和分散力的共同作用，经济活动空间分布的非均衡是区域差异的集中体现（陈良文、杨开忠，2007；安虎森、高正伍，2010）。改革开放以来，中国制造业高度集聚于东部沿海地区，这一集聚事实被视为中国区域差异形成的重要成因（范剑勇，2008）。除制造业集聚外，服务业集聚，尤其是生产性服务业在地理上的集聚，也会显著地影响区域差异（陈立泰、张祖妞，2011）。新经济地理学认为，受规模报酬递增和循环累积因果作用的影响，地区间初始差异被不断放大，自由流动的优质生产要素受集聚经济的作用不断向中心城市集中，导致中心城市进入到不断吸纳优质要素的良性循环过程中，而周边城市进入到持续流失优质要素的恶性循环中，最终导致地区间差距扩大（安虎森、何文，2012）。

关于集聚经济的来源，新经济地理学进行了诸多有益的探索，这些研究也为本书的研究提供了重要思路。其中，马歇尔（1981）对集聚经济的解释最为经典，认为产业在地理上的空间集聚，主要通过三个渠道对经济增长产生影响，即地方化的劳动力池效应、专业化的中间投入品和生产性服务的规模经济、知识外溢效应，三者共同构成集聚经济的微观基础。Duranton 和 Puga（2004）进一步归纳为共享、匹配、学习三种机制。夏添、孙久文、林文贵（2018）认为，共享、匹配、学习这三种机制的空间尺度是不同的，共享机制主要通过城市群和大都市区所对应的国家—区域尺度下产生集聚效应，学习机制大多发生在城市尺度下，匹配机制可能作用于更微观的企业尺度。Rosenthal 和 Strange（2004）将集聚经济的来源总结为劳动力市场共享、投入共享、知识溢出、自然优势等几个方面。Glaeser、Kallal、Scheinkman 等（1992）将这种同一产业因地理上的集聚而导致城市和企业生产率提升的外部性总结为马歇尔外部性（Marshallian Externalities）。与马歇尔外部性相对应的是雅各布斯外部性（Jacobs Externalities）[①]。Jacobs（1969）强调，城市经济增长源于城市产业的多样化，认为城市中多种产业的共聚更能激发异质性企业间的非正式交流，由此带来企业创新和知识溢出等集聚效应，促进了区域经济增长。从实现经济增长的角度来看，马歇尔外部性和雅各布斯外部性均有提升经济效率的积极作用，Henderson（2003）认为，马歇尔

[①] 也有学者认为产业集聚有三种外部性表现，分别是马歇尔外部性、波特外部性和雅各布斯外部性（Glaeser、Kallal、Scheinkman，1992）。波特外部性更强调同类产业之间的竞争机制对技术创新水平的提升效应，本质上也是一种地方化经济的表现。

外部性引发的地方化经济比雅各布斯外部性带来的城市化经济对经济增长的促进作用更大。刘修岩和张学良（2010）采用中国工业企业数据库进行分析也支持这一结论。而 Jofre－Monseny、Marín－López、Viladecans－Marsal（2011）、陈建军、崔春梅、陈菁菁（2011）的研究证实，资本密集型行业和技术密集型行业更重视雅各布斯外部性的发挥，而传统的劳动密集型产业更偏好于马歇尔外部性。但无论是马歇尔外部性或是雅各布斯外部性，都很好地解释了集聚经济的作用机制。

　　基于集聚经济与区域差异的冲突，新经济地理学者就如何实现区域协调发展提出了以下几种主张，以期重塑经济版图：一是在充分发挥市场机制的同时也要充分依靠政府力量，通过市场手段不断调整产业集聚的空间分布（陈建军、葛宝琴，2008），同时依靠政府力量打造区域型的产业集聚高地（孙久文、蒋治，2022），以此促进欠发达地区的经济发展，实现区域均衡发展。二是实施劳动力市场的"跨区域城乡统筹"战略。如果说新经济地理学的"中心—外围"模型中，产业集聚导致区域差距扩大是由于高技能劳动力的单向流动所造成的，那么同样是新经济地理学中的"本地市场效应"模型①，可为产业集聚和区域协调发展的困境提供了全新思路（Davis and Weinstein，1996，2002；Head and Mayer，2004）。正是资本跨区域流动产生的本地市场效应，使产业集聚与区域协调发展可以同时实现，但前提是劳动力市场无明显扭曲。因此，政府应努力消除或减缓沿海地区劳动力市场的定价扭曲，提升沿海地区劳动力市场的公平性，实施劳动力市场的"跨区域城乡统筹"战略，在保持集聚经济活力的同时，也能够有效遏制区域差距扩大（范剑勇、谢强强，2010）。三是通过土地跨区域再配置和转移支付的途径，能够为经济增长提供新动力，促进经济从集聚走向平衡，进而重塑经济版图（陆铭，2017）。

　　新古典经济学、制度经济学、新经济地理学等理论对区域差异的成因解释的侧重点不同，形成了不同的解读。新古典经济学认为，投入要素（如资本、人力资本等）的空间配置差异是形成区域差异的重要原因；制度经济学认为，政策和制度是造成地区经济发展机会不均等的重要原因，少数地区享受的制度红利加剧

---

　　①　关于产业集聚是否一定导致地区间发展差距的扩大，新经济地理学有两种不同的理论模型解释，"中心—外围"模型中，高技能劳动力作为生产函数中唯一的生产要素，其跨区域流动的结果导致了地区间人均收入水平的扩大（Fujita and Hu，2001；Fujita、Krugman、Venables，1999）；"本地市场效应"模型中，生产函数中的投入要素包括可以跨区域流动的资本和不可跨区域流动的低技能劳动力，正是允许资本跨区域流动，所产生的本地市场效应才实现了产业集聚和地区发展差距不扩大的双赢（Head and Mayer，2004）。

了区域差异；新经济地理学认为，在规模报酬递增和循环累积因果作用下，初始条件差异会被进一步扩大，进而形成较大的区域差异。根据现有理论的主张，通过改变要素供给、改变政策导向、保证劳动力市场的公平性、推动土地跨区域再配置等一系列方式，可以重塑经济版图、实现地区均衡发展。

关于区域差异的成因，现有文献围绕新古典经济学、制度经济学、新经济地理学等相关理论，聚焦于区域发展战略、市场一体化进程、政府政策等诸多方面展开一系列研究，积累了丰富的研究成果。这些文献帮助人们深入地理解中国区域差异的现状及成因。但现实中，地区间发展差距时有扩大。这提醒人们认识到，现有区域协调发展的实现路径并不完善。区域差异深受外部地域环境的影响，特别是空间结构对其影响不容忽视。如何通过空间结构演化缩小区域差异，对于理解区域均衡发展和共同富裕等重大战略有重要意义。

第三节 文献综述 I：空间结构对经济效率的影响

经济效率被认为是投入和产出之间的关系。经济理论认为，当以最少的生产要素投入实现既定的产出，或是以既定的生产要素投入达到最大产出时，经济运行是高效率的。如何通过空间结构的演化提升经济效率，是政府和学者关注的重大现实问题。以下梳理了国内外关于城市群空间结构对经济效率影响的相关文献，通过文献评述，启发本书从空间结构演变背后的逻辑出发，来思考空间结构对经济效率的影响。

一、国内外研究综述

（一）国外研究文献

关于何种形式的空间结构更有利于提升经济效率，理论研究尚未达成共识。国外学者最早开始关注空间结构的经济效率。一种观点认为，单中心空间结构能够带来更高的经济效率。原因在于，更紧凑的单中心结构往往具有更低的交通成本和较高的通勤效率，不仅有利于知识和信息的传播（Parr，2008），更有利于经济效率的提升（Cervero，2001；Fallah、Partridge、Olfert，2011）。Bailey 和

Turok（2001）指出，单中心结构所产生的集聚效应，要远远高于同等城市规模的多中心区域产生的集聚效应。Cervero（2001）认为，更集中、更紧凑的城市空间形态有助于提升城市经济效率。Lambregts（2006）的研究显示，一直被视为多中心模板的荷兰兰斯塔德地区，分散化的多中心空间结构阻碍了经济一体化。Vandermotten、Halbert、Roelandts等（2008）的研究也发现，由于欧洲各城市之间存在排他性竞争和不信任，多中心空间结构难以提升城市经济效率，也无法保证为城市带来合作效益。与之相反，另一种观点则认为，相比单中心空间结构，多中心空间结构更有利于经济效率的提升。Glaeser和Kahn（2004）研究发现，集聚效应可以在邻近地区之间共享，拥挤效应往往出现在城市内部。随着城市规模的持续扩张，要素单点集聚带来明显的负外部性，如土地和劳动力要素的激烈竞争、交通堵塞、环境污染以及高犯罪率等。因此，城市体系从单中心结构向多中心结构的演化，是降低集聚不经济、提高经济效率的有效途径（Phelps and Ozawa，2003；Meijers and Burger，2010）。

（二）国内研究文献

国内对城市群空间治理的探讨起步较晚，在分析城市群空间结构对经济效率影响的相关文献中，结论也是不明确的。第一种观点支持单中心空间结构，认为单中心空间结构具有更高的经济效率，有利于地区经济增长（刘修岩、李松林、陈子扬，2017；于斌斌、郭东，2021），主要原因在于单中心结构更有利于集聚经济和规模经济发挥作用，从而促进经济效率提升（陆铭、向宽虎、陈钊，2011）。第二种观点支持多中心空间结构，认为多中心空间结构更有利于城市群经济效率的提升（侯韵、孙铁山，2016；孙斌栋、郭睿、陈玉，2019），并且能够促进经济协调发展（丁如曦、刘梅、李东坤，2020），尤其是多中心结构对城市群中的小城市的经济促进效应更强（郭琳、吴玉鸣、吴青山等，2021）。这种观点认为，中国城市群发展的阶段特征已经发生明显变化，城市群一改先前集聚不足的特征，对经济发展的作用也有改变。

除以上两种截然相反的观点外，国内学者还从其他方面对这一问题作了更多讨论，如选取不同研究对象、不同时间段或不同代理指标等，得出了丰富的结论。有文献表明，城市群空间结构与经济效率之间并非简单的线性关系，李佳洺、张文忠、孙铁山等（2014）对1995年、2000年、2005年和2010年四个年份的20个城市群的人口和经济集聚程度进行研究，发现城市群经济集聚水平与经济效率之间存在倒"U"形关系，而人口集聚水平与经济效率之间并没有表现出明显的相关性。王磊和高倩（2018）发现，长江中游城市群呈现的产业单中心分布和人口多中心分布的空间特征，对提升城市经济效率有显著作用。此外，也有学者针对某一具体的城市群进行分析。有研究表明，长三角城市群的多中心化有利于该地区经济效率提升，京津冀城市群的单中心化更有利于经济效率提升（孙铁山，2016；李博雅，2020）。

二、文献评述与启示

笔者通过对相关文献进行梳理发现，学术界关于何种形式的空间结构更有利于提升经济效率尚未达成一致认识。产生这种争议可能源于研究对象的时间范围、城市群样本的选择、关键指标的衡量或是研究方法差异等因素的影响。例如，大多文献针对某一具体城市群（如京津冀城市群、长三角城市群或珠三角城市群）进行分析，但单一城市群并不能全面呈现中国城市群发展的现状及阶段特征，故缺乏广泛意义上的讨论，可能是引发争议的原因之一。

但笔者认为，之所以造成现有文献这种不一致的研究结论，更重要的原因有两点：一是现有文献普遍关注于何种形式的空间结构有利于经济效率提升，偏重于统计学意义上的检验，往往容易忽略这一因果关系背后的空间结构演变逻辑。这启发本书从城市群形成演进背后的逻辑来分析经济效率提升效应。二是缺乏基于微观层面的讨论。现有文献侧重于宏观经济效率的分析，通常采用 DEA 或 SFA 等方法对宏观经济效率进行测算。宏观加总数据掩盖了微观单元的诸多特征，也难以进一步对微观机制进行检验，故而缺乏从微观层面对经济效率的讨论，是导致现有研究结论出现较大差异的重要原因。这启发本书从微观企业数据入手，来研究城市群空间结构的效率提升效应。

第四节　文献综述 II：空间结构对区域差异的影响

一、国内外研究综述

以下分别从单中心和多中心维度梳理了城市群空间结构对区域差异影响的相

关文献。可以发现，理论研究对此尚未达成共识，部分研究支持单中心结构扩大区域差异的论点，也有经验研究找到了多中心结构扩大区域差异的证据。

（一）关于单中心空间结构扩大区域差异的研究

直觉上，单中心空间结构会扩大区域差异，理论研究也有相应的证据支持。例如，Krugman（1991a）指出，产业集聚形成的"中心—外围"结构与地区间发展差距紧密相关。Fujita、Krugman、Venables（1999）、Baldwin、Forslid、Martin 等（2003）的研究进一步证实，受到价格指数效应和市场规模效应的影响，制造业集聚扩大了中心地区和外围地区之间的发展差距。特别是由于高技能劳动力跨区域流动所引发的产业集聚，是区域差异扩大的重要原因（Head and Mayer，2004；范剑勇、谢强强，2010）。尽管以克鲁格曼为代表的新经济地理学者并未直接回答空间结构与集聚经济的对应关系，但现有文献普遍认为，要素在空间上的单点集聚等同于单中心结构的产生（刘修岩、李松林、秦蒙，2017），这间接指明，单中心空间结构会导致地区间发展差距的扩大。

经验研究中，也能找到支持单中心结构扩大区域差异的证据。Brezzi 和 Veneri（2015）证实，对 OECD 国家为而言，城市体系的单中心化不利于人均收入的提高，多中心化有利于促进区域均衡发展。丁从明等（2015）发现，在省域尺度上，省会城市"一城独大"的单中心发展模式不利于全省经济增长，塑造多中心结构更有助于经济协调发展。覃成林和桑曼乘（2015）认为城市网络化发展对城市经济增长、地区差距缩小等方面具有积极意义。刘修岩、李松林、秦蒙（2017）、杜群阳和俞航东（2020）研究发现，在省份内部，单中心结构会加剧地区间收入差距的扩大，多中心发展模式则有利于地区收入差距的缩小。

关于单中心空间结构扩大区域差异的这种观点，可以从"集聚阴影"或规模报酬递增机制寻找理论解释。一方面，城市体系的单中心空间分布，使邻近大城市的中小城市不容易实现自身经济增长，更容易出现"集聚阴影"。在集聚效应占据主导地位的单中心结构下，中心城市对周边地区的要素吸纳导致在外围地区建立新企业无利可图（Fujita、Krugman、Mori，1999）；邻近中心城市的小城市不仅难以"借用"大城市的规模效应和高级功能，反而可能因自身较大的"借出规模"而失去发展机遇，由此导致"集聚阴影"的出现（Batten，1995）。单中心结构强化了中心城市的主导地位，使其对周边的腹地投射出不利于经济发展的阴影区域，导致规模较小的城市难以在城市网络中扩展潜在的临界用户规模，对小城市发展不利，使地区间差距扩大（Meijers and Burger，2017）。另一方面，在规模报酬递增的假设下，城市规模大小决定了城市经济发展水平（Krugman，1991b）。在单中心城市体系中，城市间明显的规模差距会导致地区间经济差距扩大；在多中心空间结构中，城市群中各城市规模较为均衡，区域差异相对较小。

（二）关于多中心空间结构扩大区域差异的研究

对此，也有研究持相反观点，其认为多中心空间结构"稀释"了中心城市强大的集聚经济效应，导致中心城市经济发展受损，因而单中心结构更有利于缩小区域差异（Malý，2016）。Veneri 和 Burgalassi（2012）研究发现，意大利经济区划 NUTS-2 的多中心化加剧了区域不平等。范剑勇和谢强强（2010）证实，资本跨区域流动会产生"本地市场效应"，在引起产业集聚的同时并不会使地区间差距扩大，因此他们认为，单中心集聚与地区差距扩大并不存在必然联系。张浩然和衣保中（2012）以中国十大城市群为研究对象，发现多中心结构不利于经济增长的论据。朱志胜（2016）分析认为，人口的空间集聚并没有引起城市体系内部各城市的收入分化，反而在一定程度上有助于抑制甚至缩小城市体系内部不同规模城市之间的空间不平等程度。王妤和孙斌栋（2021）基于全球 132 个国家的人口数据分析发现，城市人口分布的多中心化趋势会导致区域差异扩大，单中心结构有利于缩小区域差异，经济会在集聚中走向平衡。

关于多中心空间结构"稀释"集聚效应的观点，网络外部性理论的"借用规模"可以提供理论解释。Alonso（1973）最早提出"借用规模"的概念，认为大都市区内不同层级的城市之间存在显著的空间互动关系，邻近大城市且与之形成功能嵌入关系的中小城市，可以通过"借用"大城市的规模优势来避免集聚成本，比同等规模、独立发展的其他小城市拥有更高的收入水平和更快的经济增长，由此带来地区间经济差距的缩小。Meijers 和 Burger（2017）在"借用规模"的基础上进一步提出"借用功能"和"借用效率"的概念，强调小城市在嵌入大城市引领的空间网络过程中，不仅可以"借用"大城市的规模优势，还可以"借用"大城市的部分高级功能和较高的经济效率，为自身争取更多的经济效益。

但不容忽视的是，城市体系中的"借用规模"与空间结构形态紧密相关。Meijers 和 Burger（2017）研究证实，"借用规模"更频繁地发生在多中心结构的都市区。国内也有文献证实，珠三角城市群、长三角城市群等多中心城市群的"借用规模"效应明显（梅志雄、徐颂军、欧阳军，2012；孙斌栋、魏旭红，

2016）。程玉鸿和苏小敏（2021）对此进行了解释，认为城市的网络化发展使集聚经济突破了地域限制，集聚外部性逐步转为网络外部性，城市网络可共享集聚红利。多中心体系的各个节点城市通过网络嵌入和功能互补，为城市之间互借规模提供了便利条件，带动不同规模城市的协调发展。因此，对于单中心空间结构能否缩小区域差异，基于"借用规模"和"集聚阴影"可能得出不同的结论。

（三）其他视角的解释

此外，有学者从其他视角解释了空间结构之于区域差异的影响。譬如，Hansen（1990）从经济发展阶段视角考察了集聚与地区间发展差距的关系，认为经济发展初期的要素集聚是必要的，也必然会带来地区间发展差距的扩大，而在经济增长的后期，要素均衡分布的多中心结构更有助于缩小区域差异。又如，杜群阳和俞航东（2020）从空间尺度差异来解释城市体系空间结构对地区间收入差距的影响，认为在较小的市域空间尺度下，要素集聚引致的单中心结构有利于缩小地区间收入差距；在较大的省域空间尺度上，适度分散的多中心结构有利于缩小地区间收入差距。也有文献认为，城市体系空间结构与地区间差距不存在显著的因果关系或线性关系（Meijers，2008b），未发现多中心结构能够减小区域发展不平衡的明显证据（Malý，2016；Rauhut，2017）。

二、文献评述与启示

通过以上对现有文献的梳理可以发现，学术研究关于城市群空间结构之于区域差异的影响尚未达成一致认识，以下几个方面值得进一步探讨：第一，关于空间尺度的选取。现有关于城市体系规模分布对区域差异的影响研究，大多置于城市或省域等行政空间尺度，未有针对基于市场联系形成的城市群尺度的研究。根据新经济地理学理论的适用性来看，不同尺度下的空间结构具有显著的差异，对区域差异的影响也有着不同的适用规律和作用机制，相互之间不能套用（Combes、Mayer、Thisse，2008）。第二，关于经济学机制的讨论。已有关于城市体系空间结构之于区域差异的讨论并未形成一致结论，特别是多中心化是否具有缩小区域差异、实现共同富裕的经济效应还有待论证。更重要的是，鲜有文献探讨其中隐藏的经济学机制，这也是造成现有研究结论不一致的重要原因。第三，关于代理指标和研究数据的问题。有文献讨论了空间结构对经济效率的影响，少有文献关注地区间差异指数的影响。此外，已有研究大多采用人口统计数据测度空间结构，但官方公布的户籍人口数据、人口普查数据并不适合用来测算空间结构[①]，容易出现偏差。

基于以上考虑，本书从以下几个方面进行创新性拓展：一是考虑到新经济地理学理论的尺度适应性，本书选择以市场联系为基础、跨行政区域形成的城市群为研究对象，探讨城市群尺度下空间结构影响区域差异的普遍规律。本书的研究可与基于城市、省份等尺度的已有研究形成有益互补，为城市经济学、空间经济学的理论研究增加城市群尺度的中国经验。二是启发笔者思考空间结构影响区域差异的经济学机制。揭示隐藏在因果关系背后的经济学机制、打开这一"黑匣子"，不仅可弥补现有研究的空白，也为实现共同富裕战略目标提供切实有效的政策路径。三是启发笔者关注空间结构之于区域差异的影响。区域差异是实现共同富裕的瓶颈之一，针对区域差异展开研究具有重要的现实意义。此外，本书采用相对客观的卫星监测数据测度空间结构，以克服人口统计数据的缺陷。尤其是长时段的夜间灯光数据集，是刻画人口空间分布、经济活动强度等城市信息的有效工具。

第五节　本章小结

通过对现有相关理论和重要文献的梳理发现，国内外对城市群的形成演变、对空间结构的认识和判断、对空间结构的经济效应等方面展开了一系列研究，积累了丰富的研究成果。这些文献对本书的研究有诸多有益启发：

第一，根据当前区域发展特征，选取城市群为研究对象，并对其空间范围进行识别是有意义的。

在"单一城市—都市圈—城市群"的形成过程中，国内外对城市群这一空间组织模式经历了不同的认识阶段。从 Howard 提出的 Garden City（田园城

---

① 城市人口数据在测算空间结构指数时存在一些明显问题，如《中国城市统计年鉴》提供的户籍人口数据，不足以客观反映城市人口的真实状况，而每十年一度的全国人口普查中提供的城市常住人口数据，不具有连续性，难以形成连续年份的面板数据。再加上"撤县设区""撤地设市"等频繁的行政区划调整，导致同一城市在不同年份的人口统计数据不具可比性。

市）概念，到 Gottmann 的 Megalopolis（大都市带）概念，再到 McGee 对 Mega-Urban Region（超级都市区）的认识，名称不尽相同。引申至国内后，从周一星（1986）提出的都市连绵区概念，到顾朝林、于涛方、陈金永（2002）提出的大都市伸展区，再到被普遍接受的城市群的概念，也经历了漫长的认识过程。事实上，对城市群这一兼具中西方特色的概念进行明确界定是比较困难的，但学术研究对城市群特征的讨论基本是一致的，都是在描述由不同等级规模和类型构成的、具有高度城市化和网络化联系、达到一定规模门槛的巨大的城市体系。通过对城市群这一概念的梳理，能够清晰地认识到城市群从形成到演变的内在规律，为本书识别城市群的空间范围、分析空间结构的经济效率提升效应等问题提供了重要思路。

现有文献在研究中国城市群相关问题时，大多选取"十四五"规划纲要中提出的 19 个国家级城市群，或是选取已得到国务院或相关部门批复发展规划的城市群作为研究对象。对于城市群的空间范围的识别，通常采用规划纲要或规划文件中划定的地理范围。若直接选择官方划定的城市群、采用规划文件中的空间范围，尽管在分析中相对便捷，但运用于学术研究中存在一些不足。比如，上升至国家战略层面的城市群数量毕竟有限，不能全面地呈现中国城市群发展的整体现状及阶段特征，在实证分析中也不足以支撑大样本研究，无法寻求广泛意义上的普遍规律。更重要的是，已得到官方批复的城市群，地理覆盖范围较广，城市间经济联系程度不一。考虑到本书的研究目的在于寻找经济规律、揭示特征事实，因此本书基于城市间经济联系程度来界定城市群地理范围，并选取合理的城市群样本。

第二，启发本书的研究从单中心—多中心维度形成对空间结构的认识。

理论上，对空间结构的认识可以从多个维度展开，比如从单中心—多中心、规模—密度、蔓延—紧凑等维度对其进行描述，也可以从空间结构的形态和功能对其进行解读。这些从不同维度展开的讨论，对深入理解空间结构的形成与演变提供了有益的帮助。其中，单中心和多中心这组概念既注重实践也接近直觉，是刻画空间结构特征最重要的维度之一，也是目前学术和政策研究的热点。这启发本书采用单中心—多中心这一维度来刻画城市群空间结构的演变特征。此外，现有文献表明，空间结构具有明显的尺度依赖和路径依赖特征，这提示本书在固定研究尺度的同时，也应注意空间结构的黏性特征。

第三，启发本书的研究从经济学理论入手，深入分析空间结构经济效应背后的驱动机制，对空间结构的经济效应做出科学合理的价值判断。

　　现有关于空间结构的研究主要以地理学分析为主，侧重于对空间结构特征的描述以及演化趋势的判断，积累了丰富的研究成果。相比之下，从经济学理论出发，对空间结构经济效应的讨论并不充分。这启发本书从经济学理论出发，分析空间结构演化的经济效应，从中寻找经济规律。

　　通过对现有文献的梳理还可以发现，无论是关于空间结构与经济效率的讨论，抑或是空间结构之于区域差异的影响，现有文献均未达成一致认识。大多数研究关注于对因果关系的检验，偏重于从统计学意义上检验何种形式的空间结构有利于提升经济效率或是缩小区域差异，忽略了因果关系背后的经济学逻辑，这正是造成现有文献得出的结论不一致的重要原因。由此，启发笔者深入挖掘因果关系背后的驱动机制，从经济学逻辑来思考所研究的经济学问题。事实上，打开这一"黑匣子"、深入挖掘其中的作用机制，不仅可以补充国内外研究的空白，还可以准确把握经济规律，为现行的区域政策提供切实有效的实施路径。

第三章　城市群空间结构经济效应的理论分析

对城市群空间结构的经济效应进行分析和评价，有助于为区域协调发展提供切实有效的路径依据。合理的分析视角能够更好地阐述这一命题背后深层次的演进逻辑和经济学规律，本章构建逻辑分析框架，从经济效率和区域差异两个方面分析城市群空间结构的经济效应，通过对城市群空间结构与经济效率的关系构建概念模型、对城市群空间结构和区域差异的关系构建理论假说，全面剖析了城市群空间结构的经济效应。

第一节　理论分析框架

一、空间结构的经济效应

习近平总书记（2019）指出，我国经济发展的空间结构正在发生深刻变化，中心城市和城市群正在成为承载发展要素的主要空间形式。党的二十大报告也突出强调了以城市群、都市圈为依托来构建大中小城市协调发展新格局[①]。因此，为将城市群打造成为引领全国经济增长的新动力源，需要提升经济效率，同时应缩小城市群内部的区域差异，实现区域协调发展。对空间结构的优化调整被视为

[①] 本书编写组 . 党的二十大报告辅导读本［M］. 北京：人民出版社，2022.

新时期城市群空间治理的战略引导。实践中，多中心战略受到世界各国的高度重视，尤其在欧盟，多中心发展被认为是解决区域发展矛盾的一剂良方。而对城镇化快速推进的中国，同样也面临空间发展模式的选择（李松林，2018）。中国城市群的发展，究竟是优先发展大城市，依靠中心城市强大的集聚优势形成单中心空间结构，还是应依靠城市群内部合理有序的分工合作形成多中心空间结构？单中心和多中心两种不同的空间发展模式，因地理区位特征和发展阶段的影响，产生不同的经济效应。

空间结构的经济效应是一个综合性概念，目前，国内外研究尚未对此形成统一的概念界定。现有文献更多地从经济增长、经济效率等方面研究空间结构的经济效应（张婷麟，2019；郑建锋、陈千虎，2019；张可云、张江，2022）。事实上，对经济活动空间分布模式所产生的经济效应进行分析，可以从多个方面展开。例如，从影响顺序来看，空间结构演化可产生直接经济效应和间接经济效应。其中，直接经济效应表现为，包括沟通成本和生产成本在内的成本变化、空间相互作用的变化，以及生产要素流动规模和流动方向的改变；间接经济效应主要指由直接效应引致的间接影响，即空间结构演化带来的附属效应，主要表现为，城市间产业结构的相对变化，企业、居民和产业选址的变化，经济效率和区域差异的变化等。又如，从影响效果来看，空间结构演化会产生积极经济效应和消极经济效应。其中，积极经济效应包括由集聚经济或网络外部性带来的效率提升效应、经济增长效应、协调发展效应等；消极经济效应包括资源过度集中于中心城市而导致的集聚阴影、"虹吸效应"、资源错配效应等。再如，从作用对象来看，空间结构演化会对产业层面、区域层面等诸多方面产生经济效应。其中，产业层面的经济效应包括由空间结构演化引致的产业分工与协作、产业梯度转移等；区域层面的经济效应包括由空间结构演化引致的空间效率、区域差异等。

本书主要从区域视角切入来分析空间结构经济效应，着重从经济效率和区域差异两个方面展开讨论。在本书的研究中，既包括了空间结构产生的直接经济效应和间接经济效应，也包括了对积极经济效应和消极经济效应的解释①。具体来

---

①　具体在本书的研究中，关于直接经济效应的分析，集中体现于论证空间结构之于区域差异的作用机制，后文利用中介效应模型对此予以验证。关于间接经济效应的分析，贯穿于全文分析中，主要包括空间结构之于经济效率和区域差异的影响关系。关于积极经济效应的分析，在于论证多中心结构具有提升经济效率和缩小区域差异的双重积极影响。关于消极经济效应的分析，在于论证单中心结构更容易出现"集聚阴影"，区域差异扩大，且在中心城市规模超过最优规模后，单中心结构也不利于提升经济效率。

看，对空间结构直接经济效应的解释包括，空间结构演变带来生产要素流动加速、成本降低、区域黏性提高等影响；空间结构的间接经济效应指的是，基于集聚经济效应和网络外部性效应等引致的经济要素空间重塑，从而对经济效率、区域差异产生间接作用。空间结构的积极经济效应在于从不同空间结构视角找出经济效率提升和区域差异缩小的证据；消极经济效应在于从空间结构演化中找出"集聚阴影"或者区域负外部性的证据。

二、逻辑框架的构建

合理的空间结构应该产生区域共赢的经济效应，即既强调经济效率提升也突出区域差异缩小，两者结合可体现出区域协调发展中"发展"和"协调"的核心要义，这也正是区域协调发展的目标所在。同时，经济效率和区域差异作为效率与公平的核心表征，也体现出共同富裕的内在逻辑。现有文献指出，共同富裕的核心在于实现效率和公平的双赢（周文、何雨晴，2022）。因此，从经济效率和区域差异来分析空间结构的经济效应，可为兼顾效率和公平的共同富裕目标提供理论依据和政策启示，也为区域协调发展选择提供切实有效的政策路径指导。

本书的逻辑框架如图3-1所示。从空间结构对经济活动的影响来看，空间结构演化可以通过影响成本（包括沟通成本、运输成本、时间成本等）、空间相互作用（如区域黏性、产业区位选择等）、资源空间配置而产生经济效应。当城市群从单中心结构向多中心结构演变时，各节点城市之间由于资源禀赋、政策优势、生产率水平的差异，产生对外联系和互补的需求。

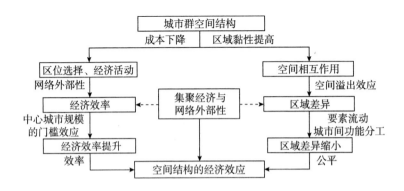

图3-1　空间结构经济效应的逻辑框架

一方面，经济活动和区位选择等受外部空间因素的影响和塑造明显，尤其是对运输成本和沟通成本在内的成本因素敏感。当空间结构演变直接作用于成本因素时，会影响区位选择的弹性和经济活动的频次。由于城市基础设施和经济发展的差异，生产要素按照自身生产率或禀赋特征进行空间配置，在集聚经济和网络外部性的影响下，对经济效率产生影响。关于空间结构之于经济效率的影响，本书接下来将构建概念模型加以论述，并进一步针对中心城市规模异质性引起的门槛效应展开讨论。

另一方面，空间结构演变提高了区域黏性，进而增强了空间相互作用。尤其当中心城市发展到一定阶段后，扩散效应增强，极化效应减弱，多次集聚—扩散循环产生的多中心空间结构进一步加强了空间相互作用，这种空间相互作用可通过"借用规模效应"，强化中心城市和周边城市的空间连接，进而影响区域发展差距。接下来，本书将基于理论假说阐述城市群空间结构对区域差异的影响，并探究其中的作用机制，即城市群共同富裕的实现路径是什么。

在此逻辑框架下，空间结构的演化可以在"做大蛋糕"和"共享蛋糕"之间扮演重要角色，由此，空间结构、经济效率和区域差异之间建立逻辑联系。这一逻辑框架体现出"发展"与"协调"的区域协调发展目标，也涵盖了"效率"与"公平"的共同富裕内涵。

第二节　空间结构的经济效率增进效应

一、理论基础

治国之道，富民为始，要实现富民，前提和基础是高质量发展。党的二十大报告中明确提出，"高质量发展是全面建设社会主义现代化国家的首要任务"（习近平，2022）。在空间结构产生的经济效应中，经济高质量发展的作用表现在两个方面：一是将"蛋糕"做大，尤其是要把实体经济的"蛋糕"做大做强。当"发展"依然被认为是高质量发展的最终目标，也就意味着经济发展的实施基础仍然是要持续不断地提高经济效率。事实上，在生产领域充分激发企业创新力、提高整体经济效率，还可以避免在消费领域出现过度的贫富分化。二是将"蛋糕"做好，尤其是要以提高全要素生产率来推动高质量发展。依靠劳动力、资源等要素拉动经济高速增长的时代已经成为过去，依靠环境污染为代价的粗放式经济发展模式也难以为继，迫切需要探索出以创新驱动为内核的高质量发展模式。通过科技创新来提升全要素生产率，是实现经济高质量发展的核心途径。因此，从长远目标来看，做大做好经济"蛋糕"是夯实高质量发展经济基础的必要支撑，且全要素生产率为高质量发展赋予了无限潜力。

本节的问题是，经济效率提升究竟是从以中心城市为主导的单中心结构中受益更多，还是从均衡发展的多中心结构中受益更多？或者说，是否存在一种最优的、有利于经济效率提升的空间模式选择，能够整齐划一地运用于不同城市群。这是基于经济效率视角要回答的问题。但是，对任何城市群而言，仅仅关注哪一种空间结构有利于提升经济效率是远远不够的。在分析这一问题时，应重点关注空间结构演变背后的逻辑，即什么因素促进城市群从单中心结构向多中心结构演变，在这一演变过程中对经济效率的影响如何。

任何经济活动都离不开特定的地理空间，城市的产生和发展也是集聚经济效应在不同空间下演绎的结果。城市经济学理论指出，城市的产生和发展正是集聚经济与集聚成本共同作用的结果。由于集聚经济效应的存在，集聚经济与交通成本的权衡使城市发展存在一个最佳规模（Henderson，1974）。那么，中心城市也不例外。在中心城市达到最佳规模之前，城市规模扩张带来的集聚正外部性更强，城市群更多呈现单中心结构。当中心城市发展超过最佳规模后，中心城市的拥挤效应逐渐凸显，集聚成本会逐渐超过集聚收益，强调要素集聚的单中心结构模式难以为继（Henderson，1974）。此时，企业的用地成本和用工成本，以及污染、拥堵和犯罪等社会成本显著上升，促使居民和企业向外寻找空间，新的节点城市应运而生。因此，随着中心城市规模的持续扩张，城市体系经历了最初的单一城市，发展至以通勤为半径的都市圈，再发展至以网络联系为纽带的城市群的演绎过程，即"单一城市群—都市圈—城市群"（Gottmann，1957），同时，在空间结构上呈现最初以中心城市为主导的单中心空间结构，逐渐演变至均衡发展的多中心空间结构。在这一形成演变的过程中，中心城市规模变化起着重要的推动作用。

二、城市群空间结构与经济效率的概念模型

本节构建了一个概念模型（见图3-2），用以阐述中心城市规模、城市群空间结构与经济效率之间的关系。笔者认为，在空间结构形成演变过程中，中心城市起着重要的推动作用，空间结构的经济效率随着中心城市规模的变化而变化。概念模型从中心城市规模变动出发，探究城市群空间结构演变对经济效率的影响，重点关注中心城市规模异质性对城市群空间结构与经济效率的非线性影响。图3-2中，正"U"形曲线表示多中心城市群空间结构对经济效率的影响；倒"U"形曲线则表示单中心城市群空间结构对经济效率的影响。

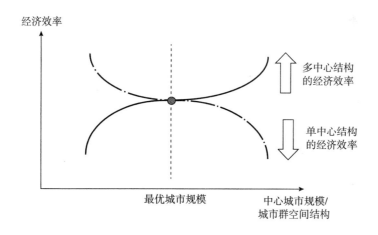

图3-2 中心城市规模、城市群空间结构与经济效率：一个概念模型

第一，图3-2中倒"U"形曲线的左侧实线部分反映了在城市群发展的初期阶段，单中心空间结构对经济效率的影响。在这一阶段，城市群主要依靠中心城市的集聚外部性来提升整体经济效率。倒"U"形曲线说明，在到达最优城市规模之前，随着中心城市规模的不断扩大，中心城市通过集聚外部性不断吸引要素和资源在空间上向其集聚，此时，城市群主要呈现单中心空间结构。在中心城市规模尚未超过最佳规模时，要素集聚带来的集聚正效应显著，且未表现出明显的集聚负外部性，因而集聚经济"净"效应显著为正。

关于城市人口集聚对经济效率提升的作用机制，学者从集聚外部性的视角做出了诸多解释。马歇尔（1981）认为，制造业企业在空间上的集聚促进了专业化

投入的发展，并为具有专业化技能的劳动力提供了更易匹配的市场，同时企业还能从技术溢出中获益。Duranton 和 Puga（2004）进一步将此总结为"共享、匹配、学习"三种微观机制，认为集聚外部性可通过这三种微观机制来实现。其中，共享机制是通过中间供应商联系、劳动力共享、风险共担等途径实现生产的专业化和规模化；匹配机制是指劳动力与企业之间的匹配质量和匹配概率会随着集聚程度的增加而提高，从而促进企业资源配置效率的改善；学习机制强调知识外溢后的劳动力技能水平、技术创新、信息扩散等均有利于提升技术要素的使用效率，由此实现生产率的提升。Krugman（1991a）强调规模报酬递增在集聚中的重要作用，认为正是受到规模报酬递增的影响，集聚外部性才能发挥其应有的作用。因此，从集聚外部性看，当中心城市规模尚未超过最佳规模时，即倒"U"形曲线左侧实线部分，依靠中心城市强大的集聚效应，城市群的整体经济效率得以提升。

第二，受制于自然资源的短缺和城市运行成本的增加，中心城市规模不可能无限制扩张下去。当中心城市规模超过最佳规模后，要素进一步的空间集聚带来的集聚负外部性逐渐超过集聚正外部性，城市群整体出现显著的区域负外部性，如空间冲突（周国华、彭佳捷，2012；周德等，2015）、核心城市污染密集型产业扩散和转移（程真、陈长虹、黄成等，2011；段娟、文余源，2018）、核心城市生产生活空间粗放无序扩张（许芸鹭、雷国平，2017）。因此，随着中心城市规模的进一步扩大，特别是当中心城市规模超过最佳规模后，进一步的空间集聚带来的区域负外部性凸显，逐渐超过集聚带来的区域正外部性，继续强调要素向单一城市集聚的单中心结构模式难以为继，妨碍了城市群经济效率的提升。表现在图 3-2 中，即为在倒"U"形曲线右侧的虚线部分，当中心城市规模超过最优规模后，单中心空间结构导致城市群整体经济效率的下降。

第三，图 3-2 中正"U"形曲线左侧虚线部分说明，在城市群发展初期，多中心结构对经济效率的影响。在这一阶段，中心城市尚未超过最佳规模，人口集聚带来的集聚外部性尚未充分发挥作用。在此时，提前疏解中心城市部分人口和功能形成的多中心结构，实则是一种松散、不具备网络化联系的组织模式。这一阶段提前形成的多中心结构，既阻碍了单一城市形成强大的集聚外部性，也难以凝结不同规模等级的城市形成网络外部性，最终偏离了经济效率提升的最优路径。尤其在中国，大城市的经济密度、人口密度及其辐射效应还有广阔的增长空间（陈钊、陆铭，2014；潘士远、朱丹丹、徐恺，2018），处于这一区间的城市群应继续强化中心城市对城市群的辐射带动作用，而非强调扩散疏解作用。因此，如图3-2中正"U"形曲线的左侧，当中心城市规模尚未超过最优城市规模时，多中心结构导致经济效率的损失。

第四，图3-2中正"U"形曲线的右侧实线部分说明，在城市群发展一定阶段后，当中心城市规模超过最优规模后，多中心结构对经济效率的影响。在这一阶段，当中心城市规模超过最优规模后，适度疏解中心城市人口和功能，及时形成错落有致的多中心城市群结构有利于实现经济效率的提升，其中，网络外部性成为多中心结构促进经济效率提升的重要机制。在更大空间尺度的城市群形态下，网络外部性作为传统集聚经济理论的重要补充（姚常成、宋冬林，2019），也是城市群区别于个体城市集聚外部性的重要特征（Meijers、Burger、Hooger-brugge，2016）。当中心城市规模超过最优规模后，城市群的发展不再完全依靠中心城市的集聚效应，更注重网络外部性的发挥。

现有文献主要从两个方面解释网络外部性在多中心空间结构促进经济效率提升中所起的作用：一方面，多中心结构下，网络外部性加强了城市之间的经济联系，降低了城市之间长期存在的市场分割，集聚效应突破了地域束缚，不仅相邻城市之间可以通过借用规模实现集聚经济，空间上不相邻的城市也可以通过借用规模获得经济效益（姚常成、宋冬林，2019）。网络外部性主要通过城市间功能分工和投入产出关联等途径促进城市之间的市场整合和联系，实现城市群经济效率的提升（赵勇、白永秀，2012；Dunford，2017）。另一方面，多中心结构的城市群与个体城市的集聚经济并不冲突，次级节点城市的形成和存在正是集聚经济效益的体现（王旭辉、孙斌栋，2011）。Krugman（1993）、Fujita 和 Mori（2005）等构建的城市体系模型证实，多中心结构同样可以是一种稳定均衡，这一结构通过疏解和分担中心城市的部分功能和要素，避免了过于庞大的单中心结构带来的区域负外部性。因此，当中心城市规模超过最优规模，多中心结构下的网络外部性和集聚经济效应显著超过区域负外部性，区域"净"效应显著为正，在这一阶段，多中心结构是合理且有效的空间组织模型，更有利于实现经济效率的提升。

以上通过概念模型对城市群空间结构与经济效率的非线性关系进行阐述，并对这种非线性关系下的作用机制做出解释。总结起来为，城市群空间结构对经济效率的影响是随着中心城市规模的变化而变化，即在城市群发展的初期，当中心城市规模未超过最优规模，城市群主要依靠中心城市的集聚外部性来提升经济效率，此时的城市群呈现单中心结构；随着中心城市规模的持续扩张，当超过最优规模后，要素进一步集聚带来的集聚负外部性逐渐超过集聚正外部性，单中心模式难以为继，基于城市间功能分工和投入产出关联形成的网络外部性是空间结构提升经济效率的有效途径，由此也实现了城市群从单中心结构向多中心空间结构的过渡。

根据上述理论分析，本书提出如下假说：

假说1：城市群空间结构对经济效率的影响存在非线性关系，中心城市规模变化是推动城市群从单中心结构向多中心演化的门槛变量。当中心城市规模低于门槛值时，单中心空间结构可促进经济效率的提升；当中心城市规模超过这一门槛值以后，多中心空间结构更有利于经济效率的提升。

第三节　空间结构的区域差异缩小效应

一、理论基础

区域差异一直都是政府和民众关心的重大现实问题。从区域协调发展的战略目标来看，提高空间结构的经济效应还应重视区域公平性问题。改革开放以来，我国经济的腾飞倚重于效率优先的战略导向。现阶段，人民日益增长的美好生活需要和不平衡不充分的发展之间的矛盾亟须解决，区域发展不平衡直接表现为区域差异。缩小区域差异、推进区域协调发展是新型城镇化的重要途径，而城市群在新型城镇化过程中发挥着重要的引领带动作用。《中华人民共和国国民经济和社会发展第十四个五年规划和2035年远景目标纲要》提出，以城市群、都市圈为依托促进大中小城市和小城镇协调联动、特色化发展。《"十四五"新型城镇化实施方案》提出，完善以城市群为主体形态、大中小城市和小城镇协调发展的城镇化格局。通过城市群的发展，推动基础设施、公共服务和政策体系的一体化，进而缩小区域差异，成为新时代赋予区域协调发展的新内涵。

新经济地理学指出，人口和经济活动的空间分布对地区间差距有长远而深刻的影响（Fujita、Krugman、Venables，1999），规模更大的区域往往具有更大的市场潜力，可以吸引更多的高效率企业、高技能劳动力在此集聚，从而提高了地区经济发展水平和收入水平（Krugman，1991a；Fujita、Krugman、Venables，1999）。集聚经济学理论认为，集聚经济通过共享、匹配、学习等微观机制，使规模更大的城市可以提供更高的生产率、更高的工资水平（Fujita、Krugman、Mori，1999）。城市规模之于经济增长、收入提升的作用已经在理论上得到证实，但城市体系规模分布对地区间发展差异的影响如何，有待严谨的经济学论证。

从企业聚集到产业聚集再到城市聚集，集聚经济是经济活动最主要的驱动力。随着城市规模的相对变化，城市体系在空间上呈现"城市—都市区—城市群"的演进规律（Gottmann，1957），空间形态呈现从单中心结构向多中心结构的演化。有研究证实，单中心结构向多中心结构的演化可以提高经济效率，促进经济高质量发展（Meijers and Burger，2010；孙斌栋、郭睿、陈玉，2019）。那么，在提高经济效率的同时，多中心化能否带来城市群内部区域差异的收敛，成为值得关注的一个问题。刘修岩、李松林、秦蒙（2017）指出，当地区间差距较大时，城市体系往往表现出单中心结构；地区间差距较小时，城市体系更多呈现多中心化趋势。这引发我们思考，城市群空间结构对区域差异的影响究竟如何？其中的作用机制是什么？

二、城市群空间结构与区域差异的理论分析

本节着重分析城市群空间结构对区域差异的影响及作用机制。笔者认为，单中心空间结构更容易出现"集聚阴影"，导致区域差异扩大，多中心空间结构更有利于缩小区域差异，且多中心结构缩小区域差异的积极效应主要通过要素流动和城市间功能分工等途径来实现。

第一，城市群空间结构通过影响要素流动规模进而影响区域差异。

要素流动是城市群发展演化的重要机制，城市群内快速、频繁、多向的要素流动，是空间结构影响区域差异的重要途径之一。城市经济学认为，当区域内如劳动力、资本等要素流动的速度、规模、方向发生变化时，相应的区域空间结构演变会影响地区经济发展水平（Roback，1982）。将区域差异具体到地区间收入差距这一表征上，要素流动就具象为劳动力流动。劳动经济学认为，劳动力流动

是影响地区间收入差距的重要因素，若能充分发挥劳动力市场的资源配置功能，使劳动力可以自由流动，那么劳动者可以获得与自身生产率或禀赋特征相对应的劳动报酬，由此地区间收入差距将趋于缩小（Razin and Yuen，1997；王小鲁、樊纲，2005）。

在单中心城市群中，诸如劳动力、资本等生产要素的流动往往是单向的，具有明显的城市等级特征。占据主导地位的中心城市利用自身的集聚优势，不断吸引高技能劳动力、高回报率资本以及高效率企业在空间上集聚，加之宏观经济政策对中心城市的倾斜，放大了中心城市对周边小城市的"虹吸效应"，中心城市的经济发展水平会得到快速提升。与中心城市拥有的完备产业链、充足资金和高技能劳动力形成鲜明对比的是，邻近的小城市的经济发展不一定能同步提升。一方面，在分类效应和筛选效应的作用下，小城市"被迫"承接了由中心城市转移出来的低技能劳动力和低效率企业，不利于其经济快速发展；另一方面，受"虹吸效应"的影响，小城市不仅难以"借用"大城市的规模效应和高级功能，反而可能因自身较大的"借出规模"而失去发展机遇，经济发展受阻，由此地区间差距扩大（Batten，1995；Meijers and Burger，2017）。尤其是当中心城市规模超过最佳规模后，进一步的空间集聚带来的负外部性凸显，逐渐超过了集聚正外部性，负担过重的巨型单中心结构的城市群不仅不利于中心城市的经济增长和收入提升（Johansson and Quigley，2004），难以产生"辐射效应"并带动周边小城市的经济发展。因此，在单中心空间结构中，城市群内的中小城市更容易受到"集聚阴影"的影响，不利于区域差异缩小。

在以网络化联系为特征的多中心城市群中，中心城市外围会形成多个次级中心，城市间要素的流动规模、流动速度和流动方向都发生了根本性变化，城市间的经济联系逐渐由单向、线性、垂直的等级关联转变为双向、交叉、扁平式的网络联系（Meijers and Sandberg，2008）。在多中心结构下，城市群内的大中小城市之间能够形成具有一定功能联系和结构关联的网络体系，从而为中小城市嵌入由节点城市支撑的城市体系网络提供便利。在更广阔的劳动力市场中，不同技能的劳动力、不同报酬率的资本均可以按照要素市场的需求得到合理有效的配置，实现了生产要素在地区间的高效利用和共享，中小城市中的要素边际产出和报酬也随之增加，地区间差距借此得以缩小。

更重要的是，除普通要素外，多中心空间结构还可以促进优质要素（如科技人才、创新人才等高层次劳动力要素）的快速流动。优质要素是经济高质量发展的强力保障（沈坤荣、赵倩，2020）。在多中心城市网络中，受交通和通信基础设施的时空压缩效应，这种优质生产要素得以在中心城市和小城市之间频繁、快速地流动，使小城市有更多的机会向邻近大城市"借用"高级别要素资源，由此获得正向的溢出效应，弥补了小城市功能单一、优质要素资源不足的劣势。要素市场原本单向的、高度集中的局部优势转化为网络化、分散的整体优势，不同地区的发展差距进一步转化为整体发展动能，小城市的经济发展水平表现出与大城市趋近的特征，地区间差距得以缩小。基于此，笔者认为，多中心空间结构有助于扩大要素在城市间的流动规模，促进要素市场均衡，进而缩小区域差异。

第二，城市群空间结构通过深化城市间功能分工进而影响区域差异。

多中心空间结构有助于城市群内部形成合理的功能分工，小城市通过"借用"大城市的部分高级功能实现更快的发展，从而缩小区域差异。城市群中，不同规模的城市在资源禀赋、交易效率等方面存在明显差异，这为城市间功能分工和功能"借用"提供了有利条件，但也可能带来"集聚阴影"。赵勇和白永秀（2012）指出，城市群内各城市的功能分工是企业价值链、企业各职能部门在空间上的分离和区位再选择的过程。在这种空间分离与空间再集聚的过程中，城市群空间结构形态受到影响。

多中心城市网络中，催生并激发出若干潜在的次级节点城市，这些次级节点城市的出现可以为中心城市的产业升级和部分产业的有序转移创造条件，产业链中那些需要大规模、标准化生产的制造业企业可就近转移至规模较小、人口密度较低的次中心城市，从而形成"中心城市以生产性服务业集聚为主，周边中小城市以制造业集聚为主"的产业空间分布格局（Duranton and Puga，2005）。具体表现为：从企业价值链来看，企业管理、设计研发等环节倾向于在中心城市集聚，生产、制造等环节倾向于在中小城市集聚；从企业职能部门的分布来看，中心城市集聚了更多的生产性服务部门，如研发设计、营销物流等，周边城市集聚了更多的一般生产与制造部门；从城市功能分工角度来看，中心城市更多地承担总部管理、研发设计中心等功能，中小城市更多承担生产和制造功能。这种功能互补、错位发展、等级有序的空间分工格局，有助于不同规模的城市按照比较优势和城市之间的经济联系形成合理分工，改善不同城市之间同质化、割裂化的竞争关系（刘胜、顾乃华、李文秀，2019），城市之间不再是零和博弈而是双赢，小城市经济得以快速发展，由此实现区域差异缩小。

更重要的是，在这种分工有序的多中心城市网络下，城市功能和城市规模逐渐脱钩（Capello，2000）。在以集聚外部性为主导的单中心结构中，城市具备的各种功能与城市规模紧密相关，经济系统运转所需要的城市功能大多只能从自身获取。在多中心城市群中，随着城市之间功能分工的深化，城市规模与其自身具备的城市功能之间不再是一一对应关系，中小城市发展所需的城市规模可以通过扩展其他城市的潜在用户达到临界规模，维持现代经济系统运转所需要的城市功能可以从更广泛的城市网络中"借用"。随着交通设施的完善和通信技术的进步，中心城市中诸如科技、信息、文体等这些高级功能的影响区域，将从城市内部持续扩散至周边各城市（Batten，1995）。通过"借用"中心城市的高级功能，中小城市在正反馈机制作用下实现快速增长，从而促进区域差异的缩小。

据此，本书提出以下研究假说：

假说2：单中心城市群空间结构不利于区域差异缩小，多中心城市群空间结构有利于区域差异缩小。

假说3：多中心空间结构缩小区域差异主要通过扩大要素流动规模和深化城市间功能分工来实现。

第四节　本章小结

本章着重以理论分析来阐述城市群空间结构的经济效应，通过构建概念模型和理论假说，从经济效率和区域差异两个方面展开论述了城市群空间结构的经济效应。主要内容有：

第一，本章从经济效率和区域差异两个方面评价了空间结构的经济效应，两者结合涵盖了区域协调发展和共同富裕的核心内涵。空间结构演化可以通过影响成本、空间相互作用等产生经济效应。当空间结构作用于成本因素时，受集聚经济和网络外部性的影响，会对经济效率产生影响。当空间结构作用于空间相互作用时，可通过借用规模效应影响区域差异。基于此，本章构建出空间结构、经济效率和区域差异之间的逻辑联系。

第二，本章构建概念模型以阐述城市群空间结构对经济效率的影响。城市经济学理论提示我们，受集聚经济和集聚成本的共同作用，中心城市的规模异质性是推动城市群从单中心结构向多中心演化的重要因素。据此，本章提出了空间结构的经济效率提升效应依赖于中心城市规模异质性的逻辑框架。正是隐藏在空间结构演变背后的中心城市规模变化，使不同空间结构对经济效率的影响不同、作用机制也不同。基于对概念模型的分析，提出研究假说：空间结构的经济效率随着中心城市规模的变化而变化，即当中心城市规模低于门槛值时，单中心结构有利于经济效率提升；当中心城市规模超过门槛值以后，多中心结构更有利于经济效率提升。

第三，本章构建理论假说以阐述城市群空间结构对区域差异的影响。理论分析认为，在单中心空间结构下，要素的单向流动导致区域内要素流动规模受限，城市间经济联系也趋于单向、线性、垂直的等级关联，难以形成分工有序的城市网络，进而出现明显的"集聚阴影"，导致区域差异扩大。而在多中心空间结构下，快速、频繁、多向的要素流动使城市间经济联系变为双向、交叉、扁平式的网络联系，不同规模的城市按照比较优势和城市间经济联系形成合理的功能分工，从而缩小区域差异。基于理论分析，提出研究假说：单中心空间结构不利于区域差异缩小，多中心空间结构可通过扩大要素流动规模和深化城市间功能分工等途径缩小区域差异。

第四章　城市群空间结构、经济效率与区域差异的基本事实

作为中国经济发展格局中最具活力和潜力的空间单元，城市群的发展受到国家、政府、学界的广泛关注。国家出台了诸多以城市群为主体的区域发展规划以支持城市群发展；地方政府也先后出台了多项城市群建设的配套政策与发展规划，希望借此机会为自己在国家战略层面争得一席之地，也为地方发展争取更多的政策倾斜和项目支持；学术研究也在这一领域做出诸多努力，从各个角度展开了丰富的城市体系研究。本章综合运用全球夜间灯光数据、中国工业企业数据库和城市经济统计数据，从中心性视角分析了中国城市群空间结构的演变特征，并以企业全要素生产率来表征经济效率、以地区间差异指数表征区域差异，对城市群经济效率和区域差异进行描述。

第一节　城市群空间结构的特征事实

一、城市群范围界定

本书选择城市群作为研究对象，首先分析这一空间尺度下空间结构演变的特征事实。在展开分析之前，需要对城市群空间范围进行识别。关于中国城市群空间范围识别、结构体系的界定，学者基于不同的界定方法，提出了诸多极具前瞻性的见解。姚士谋、朱英明、陈振光等（2001）提出了"5个超大型城市群+5个近似

城市群的城镇密集区"的城市群结构体系①。方创琳、宋吉涛、张蔷等（2005）结合中国城市群形成发育的阶段特征，提出了由28个城市群组成的、三大等级的"3+11+14"的空间结构体系②，随后这一框架被修改为"15+8"的空间结构体系（方创琳，2011），最终修订为"5+9+6"的空间结构新格局（方创琳，2014）③。国家发改委国地所课题组（2009）认为，我国已经初步形成了包括长三角城市群、京津冀城市群、珠三角城市群等在内的10大城市群④，这10大城市群是国民经济发展的核心支柱。宁越敏（2011）认为城市群的基础和核心是大都市区，采用"五普"资料对中国大都市区进行界定，并以大都市区来界定城市群，认为中国已经形成了13个初具规模的城市群⑤。张学良（2017）根据城市群所处的发展阶段，将22个城市群分为成熟型、发展型、形成型的"3+10+9"结构体系⑥。"十四五"规划中按照城市群发育成熟程度，将19个国家级城市群分为"优化提升""发展壮大""培育发展"三个层级的"5+5+9"结构

---

① 姚士谋、朱英明、陈振光等（2001）在《中国城市群（第二版）》一书中指出，沪宁杭城市群、京津冀城市群、珠三角城市群、辽中南城市群、四川盆地城市群相对成熟，而关中城镇密集区、湘中城镇密集区、中原城市密集区、福厦城市密集区、哈大城市地带、武汉地区城市群、山东半岛城市发展带、台湾西海岸城市带8个近似城市群的城镇密集区有待进一步发展壮大。

② 方创琳、宋吉涛、张蔷等（2005）根据城市群发育程度，将28个大小不同、规模不等、发育程度不一的城市群划分为"3+11+14"三个等级的城市群结构体系，其中一级城市群包括长三角城市群、珠三角城市群和京津冀都市圈3个城市群，二级城市群包括山东半岛城市群、成都城市群、武汉城市群等11个城市群，三级城市群包括滇中城市群、天山北坡城市群等14个城市群。

③ 方创琳（2014）提出的"5+9+6"城市群结构体系包括，重点建设的5大国家级城市群（长三角城市群、珠三角城市群、京津冀城市群、长江中游城市群和成渝城市群）；稳步建设的9大区域性城市群（哈长城市群、山东半岛城市群、辽中南城市群、海峡西岸城市群、关中城市群、中原城市群、江淮城市群、北部湾城市群和天山北坡城市群）；引导培育的6个地区性城市群（呼包鄂榆城市群、晋中城市群、宁夏沿黄城市群、兰西城市群、滇中城市群和黔中城市群）。

④ 长三角城市群、京津冀城市群、珠三角城市群、山东半岛城市群、辽中南城市群、长江中游城市群、中原城市群、海峡西岸城市群、川渝城市群和关中城市群。

⑤ 宁越敏（2011）划定的13个城市群包括长三角城市群、珠三角城市群、京津唐城市群、山东半岛城市群、辽中半岛城市群、哈齐城市群、长吉城市群、中原城市群、闽南城市群、成渝城市群、武汉城市群、长株潭城市群、关中城市群。

⑥ 张学良（2017）根据城市群所处发展阶段，将长三角城市群、珠三角城市群、京津冀城市群划为成熟型城市群，将长江中游城市群、成渝城市群、中原城市群、关中平原城市群、山东半岛城市群、海峡西岸城市群、辽中南城市群、哈长城市群、长株潭城市群、江淮城市群划为发展型城市群，将北部湾城市群、天山北坡城市群、环鄱阳湖城市群、兰西城市群、呼包鄂榆城市群、滇中城市群、黔中城市群、宁夏沿黄城市群、晋中城市群划为形成型城市群。

体系①。

本书以城市间经济联系为依据来识别城市群空间范围,同时参考国内学者的划分方法,也结合《全国主体功能区规划——构建高效、协调、可持续的国土空间开发格局》《国家新型城镇化规划(2014—2020 年)》、"十四五"规划等多个官方文件,最终确定 20 个城市群作为研究样本,城市群涵盖的地理范围及中心城市的说明如表4-1所示。

表 4-1 城市群地理范围

城市群	城市群所覆盖城市	中心城市
京津冀城市群	北京、天津、石家庄、唐山、秦皇岛、邯郸、邢台、保定、张家口、承德、沧州、廊坊、衡水	北京、天津
长三角城市群	上海、南京、无锡、常州、苏州、南通、盐城、扬州、镇江、泰州、杭州、宁波、嘉兴、湖州、绍兴、金华、舟山、台州	上海、南京、杭州
珠三角城市群	广州、深圳、珠海、佛山、肇庆、江门、惠州、东莞、中山	广州、深圳
山东半岛城市群	济南、青岛、淄博、东营、烟台、潍坊、威海、日照、滨州	济南、青岛
海峡西岸城市群	福州、厦门、泉州、莆田、漳州、宁德	福州、厦门
武汉城市群	武汉、黄石、鄂州、黄冈、孝感、咸宁、荆州、荆门、随州、仙桃、天门、潜江	武汉
长株潭城市群	长沙、株洲、湘潭、衡阳、岳阳、益阳、常德、娄底	长沙
江淮城市群	合肥、芜湖、蚌埠、淮南、马鞍山、铜陵、安庆、滁州、宣城、池州	合肥
中原城市群	郑州、开封、洛阳、平顶山、新乡、焦作、许昌、漯河、济源	郑州
成渝城市群	重庆、成都、绵阳、自贡、泸州、德阳、遂宁、内江、乐山、资阳、宜宾、南充、雅安、广安、眉山	重庆、成都
关中平原城市群	西安、铜川、宝鸡、咸阳、渭南、商洛	西安
辽中南城市群	沈阳、大连、鞍山、抚顺、本溪、丹东、营口、辽阳、盘锦、铁岭	沈阳、大连
哈长城市群	哈尔滨、齐齐哈尔、牡丹江、大庆、绥化、长春、吉林、四平、辽源、松原、延边	哈尔滨、长春
环鄱阳湖城市群	南昌、宜春、抚州、九江、景德镇	南昌

① 《中华人民共和国国民经济和社会发展第十四个五年规划和2035 年远景目标纲要》中对19 个国家级城市群的发展定位分为三档,第一档包括京津冀、长三角、珠三角、成渝、长江中游 5 个城市群,任务是"优化提升";第二档包括山东半岛、粤闽浙沿海、中原、关中平原、北部湾 5 个城市群,任务是"发展壮大";第三档包括哈长、辽中南、山西中部、黔中、滇中、呼包鄂榆、兰州—西宁、宁夏沿黄、天山北坡9 个城市群,任务是"培育发展",19 个城市群筑成"两横三纵"的城镇化战略格局。

续表

城市群	城市群所覆盖城市	中心城市
呼包鄂榆城市群	呼和浩特、包头、鄂尔多斯、榆林	呼和浩特
晋中城市群	太原、晋中、阳泉、忻州、吕梁	太原
北部湾城市群	南宁、北海、钦州、防城港	南宁
兰西城市群	兰州、白银、西宁	兰州
滇中城市群	昆明、曲靖、玉溪、楚雄	昆明
黔中城市群	贵阳、遵义、毕节、安顺	贵阳

与"十四五"规划中的19个城市群相比，本书基于城市间经济联系的紧密程度划分出的城市群范围要更小、更紧凑。比如，将"十四五"规划中的长江中游城市群分为武汉、长株潭、环鄱阳湖3个独立的城市群；将"十四五"规划中的长三角城市群划分为经济联系更紧密、地理范围更小的长三角城市群和江淮城市群；考虑到城市群发育程度，暂未考虑天山北坡城市群。从全国尺度来看，本书选取的20个城市群涵盖了中国东部、中部、西部、东北四大板块；从区域尺度来看，20个城市群包含了165个城市单元，约占全国设区城市数的56%，其中包括4个直辖市、155个地级市、2个自治州和4个县级市。除海口、银川、拉萨和乌鲁木齐外，其他所有省会城市均涵盖在内。根据表4-1的划分范围，每个城市群均包含规模不一的各类城市。附录1对20个样本城市群的发展现状做了简要介绍。

为便于后文展开异质性讨论，结合城市群发育程度、经济发展水平、所处空间区位、空间形态等差异，将20个样本城市群进行不同方式的划分。需要说明的是，这里的划分只具有相对意义，无论发育程度高低、所处区位如何，每个城市群均是中国城市群结构体系中不可或缺的组成部分。

按照城市群所处空间区位，可以分为东部、中部、西部和东北四个区域的城市群。东部包括京津冀、长三角、珠三角、山东半岛和海峡西岸5个城市群，中部包括武汉、长株潭、江淮、中原、环鄱阳湖、呼包鄂榆、晋中7个城市群，西部包括成渝、关中平原、北部湾、兰西、滇中、黔中6个城市群，东北包括哈长和辽中南2个城市群。

按照城市群发育程度进行划分，可以分为发育程度相对较高的国家级城市群和快速发展中的区域性城市群。具体包括京津冀、长三角、珠三角、山东半岛、

海峡西岸、武汉、长株潭、江淮、中原、关中平原、成渝、辽中南、哈长 13 个
国家级城市群，以及环鄱阳湖、呼包鄂榆、晋中、北部湾、兰西、滇中、黔中
7 个区域性城市群。

按照城市群中心性的特征进行划分，可以分为中心性指数相对较高的单中心
结构城市群，以及中心性指数相对较低的多中心结构城市群。典型的单中心城市
群有京津冀城市群、关中平原城市群、武汉城市群等，多中心城市群有长三角城
市群、珠三角城市群、山东半岛城市群和海峡西岸城市群等。

二、中国城市群发展的总体特征

基于以上对城市群空间范围的界定，结合国民经济发展的相关指标，对城市
群发展的总体特征进行分析。2020 年，20 个城市群的行政区域面积占全国国土
面积的 22.3%，但集中了全国 62.51% 的总人口、73.58% 的单位就业人口，同时
创造了 75.18% 的产出、79.53% 的社会消费品零售总额、70.59% 的财政收入、
90.08% 的出口以及 94.01% 的进口（见表 4-2）。从这些经济指标的时间变化趋
势可以看出，在中国经济发展格局中，城市群的核心地位越来越突出，对经济资
源的集聚能力不断增强，表现出与非城市群地区明显的差异化特征，已经成为国
家经济发展的重心所在。以下分别从人口流动、产业结构、经济增速等方面分析
城市群的发展优势。

表 4-2　城市群经济发展状况　　　　　　　　　　单位：%

指标＼年份	2000	2010	2020
常住人口占比	58.17	60.71	62.51
单位就业人口占比	66.53	70.56	73.58
GDP 占比	75.25	81.40	75.18
固定资产投资占比	50.20	67.91	76.87
社会消费品零售总额占比	67.70	74.85	79.53
地方财政收入占比	50.56	51.63	70.59
货物出口占比	—	—	90.08
货物进口占比	—	—	94.01

资料来源：笔者由《中国城市统计年鉴》《中国区域经济统计年鉴》等统计资料整理而得。

（一）城市群正在持续不断地吸引人口流入

快速的城镇化已经使中国从乡土社会迈入城市社会。人口向城市集聚，是不可逆转的历史潮流。通过对常住人口、就业人口、城镇化率等多项人口指标的时空差异进行对比发现，城市群在吸引人口流入、解决就业、推进城镇化等诸多方面，要显著突出于非城市群地区及全国平均水平，印证了城市群蓬勃的发展活力，已经成为中国区域发展的重心所在。

从常住人口和就业人数的变化趋势来看，城市群正在成为人口集聚的重心。图4-1描述了1998~2020年中国城市群常住人口和就业人数占全国的比重。从常住人口来看，中国城市群地区的常住人口占全国总人口的比重也从2000年的58.15%上升到2020年的62.51%。就业人数也表现出与常住人口基本一致的趋势，20个城市群吸纳的就业人数占全国总就业人数的比例从1998年的67.32%上升到2020年的74.57%。从整体来看，城市群人口呈现显著的空间极化现象。正是由于持续增强的人口吸引力和就业容纳力，未来城市群将成为吸引人口流入最主要的空间载体。

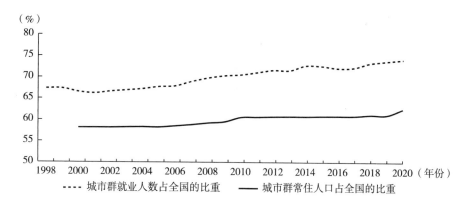

图4-1　1998~2020年中国城市群常住人口和就业人数占全国的比重

从细分区域来看城市群的人口比重和就业比重变化，可以发现，东部、中部、西部、东北四大区域城市群对人口和就业的吸纳存在较大差异。以就业人数占比为例，东部城市群在快速发展中创造了大量的就业机会，吸纳了中国大规模的就业人数。相比于其他区域，东部城市群的就业比重一直处于最高水平且增幅最大，就业人数占全国总就业人数比重从1998年的30.18%持续上升至2020年的 41.97%；中部和西部城市群的就业人数占全国比重基本稳定在 15% 和 11% 左右；东北城市群的就业比重下降明显，就业人数占全国总就业人数的比重从 1998 年的 10.43% 下降到 2020 的 5.02%。事实上，分区域的常住人口分布也表现出类似的空间特征。在四大板块中，东部城市群对人口的吸引力在持续增强，东北城市群的人口外流现象明显。

城镇化率的高低也可以反映人口流动的速度和方向。城市群地区具有完善的公共基础设施、良好的工作和生活条件、更多的就业岗位等优势，成为劳动力迁移的首选目的地，吸引了大量农村剩余劳动力迁入。图 4-2 展示了在第五次全国人口普查、第六次全国人口普查到第七次全国人口普查统计中，城市群地区、非城市群地区及全国的城镇化率水平的对比变化。从图 4-2 可以看出，城市群地区、非城市群地区以及全国城镇化率在考察期内均有明显上升，但城市群地区的城镇化率水平要显著高于非城市群地区和全国平均水平。

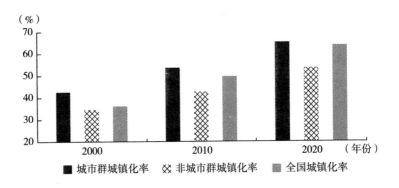

图 4-2 城市群地区的城镇化优势

（二）城市群产业结构优化升级

配第—克拉克定律表明，根据经济发展的规律，产业结构会从低水平状态逐渐向高水平状态依次演进，中国城市的产业结构也遵循这样的演进逻辑。城市群地区和非城市群地区的产业结构变动趋势基本一致，城市群地区的三次产业结构比重从 2000 年的 17.66∶45.97∶36.37 调整至 2020 年的 9.92∶40.12∶49.96，非城市群地区的三次产业结构比重则从 2000 年的 39.60∶33.15∶27.25 调整至 2020 年的 16.35∶36.46∶47.19，两大地区的产业重点正在由第一产业占优势逐渐向第二产业占优、第三产业占优顺次演进，这与同一时期中国经济正在进行的产业结构转型升级的大趋势是一致的。

从产业结构高级化程度来看，城市群地区的产业结构优化升级进程要显著快于非城市群地区。根据配第—克拉克定律，非农经济比重的增加是工业化国家产业化结构优化升级的重要规律。这里采用城市非农产业增加值（即第二、第三产业增加值之和）与农产业增加值（即第一产业增加值）之比反映产业结构高级化程度，当这一比值上升，意味着经济在朝着工业化和服务化的方向发展，产业结构处于优化升级中。图 4-3 展示了两大地区的产业结构高级化指数，对比发现，城市群地区基本实现了向非农产业的调整和转移，其产业结构高级化程度显著高于非城市群地区，展现出明显的后工业化特征，而非城市群地区的产业转移相对要晚一些，目前还处于工业化进程中。

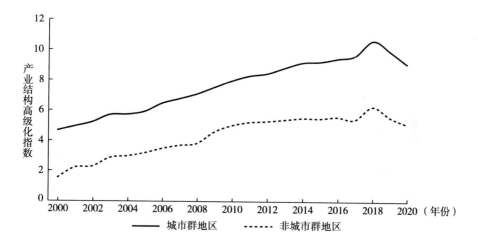

图 4-3　2000~2020 年城市群地区产业结构高级化水平优势

（三）城市群具有更快的经济增速和明显的生产率优势

从整体来看，城市群地区具有更快的经济增速。图 4-4 对比了 2000~2020 年城市群地区 GDP 增速和全国 GDP 增速，发现城市群 GDP 增速显著高于全国平均水平。尽管从 2012 年开始，中国经济进入新常态，经济发展由高速发展阶段步入高质量发展阶段，GDP 增速有所放缓，但城市群引领全国经济增长的这一趋势没有发生根本性改变。

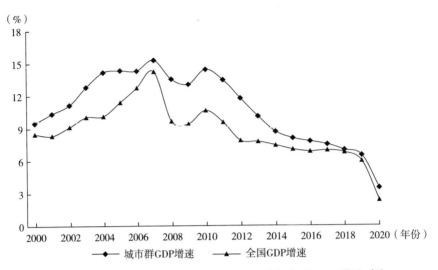

图 4-4 2000~2020 年城市群地区 GDP 增速与全国 GDP 增速对比

此外，城市群地区还具有普遍明显的生产率优势。以劳动生产率为例，图 4-5 展示了不同地区劳动生产率的变动趋势，直观显示出城市群比非城市群地区具有更高的生产率水平①。尽管 2000~2019 年城市群地区和非城市群地区的劳动生产率均呈现逐年上升趋势，但前者的劳动生产率始终高于后者。基于图 4-4 和图 4-5 的分析发现，中国城市群具有更快的经济增速和明显的生产率优势，是中国经济增长的重要引擎。

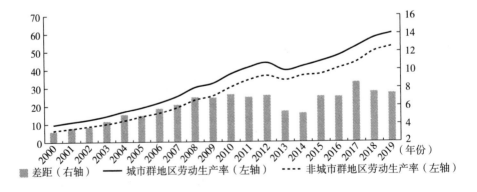

图 4-5 2000~2019 年城市群地区与非城市群地区的劳动生产率对比

---

① 这里的劳动生产率采用 GDP 与就业人员之比来衡量。

基于以上对人口、产业结构、经济增速和经济效率等指标的对比发现，与非城市群地区相比，城市群地区具有强大的人口吸引力、更快的产业升级、明显的生产率优势以及更快的经济增速，这种明显的差异化特征意味着城市群正在成为国家经济发展的重心所在和中国经济增长的重要引擎。

三、空间结构的测算方法和代理指标

空间结构反映的是城市人口和就业的空间集聚程度，表征经济活动的空间分布模式。合理量化城市群空间结构并总结其演变规律是展开研究的前提。对空间结构的认识，可以从单中心—多中心、蔓延—紧凑、规模—密度、形态—功能等多个维度上对其进行刻画。其中，单中心—多中心这组概念既注重实践也接近直觉，是刻画空间结构特征最重要的维度之一，也是目前学术和政策研究的热点。本章以形态单中心和多中心反映空间结构特征，具体以中心性来判断要素是否集聚在中心城市，以及多大程度上集聚于中心城市（Anas、Arnott、Small，1998）。

（一）城市群中心性的测算方法

对中心性的测算，可以采用位序—规模法则、城市基尼系数、赫芬达尔指数、首位度等多种测算方法①。这些测算方法均基于城市规模而构造，都可以衡量城市间经济活动的空间分布以及集中程度。本章着重以位序—规模法则计算的 Zipf 指数作为中心性的代理变量，同时以城市基尼系数和赫芬达尔指数等不同方法作为辅助，多种方法的结合有助于准确刻画城市群空间结构的演变特征。需要说明的一点是，中心性指数大小仅表明集中程度的高低，只具有相对意义，不存在绝对意义的单中心或多中心。

（1）位序—规模法则——Zipf 指数。位序—规模法则是从城市规模和对应的城市位序的关系出发，来分析城市体系的规模分布特征，这一方法是衡量中心性最常用的指标（Meijers and Burger，2010；Burger、Van der Knaap、Wall，2014）。本书借鉴 Meijers 和 Burger（2010）研究美国大都市区空间结构的方法，通过对城市群规模等级的空间分布特征来反映城市群的中心性程度。具体计算公式为：

---

① 首位度和位序—规模法则都是早期表达国家/区域城市规模分布规律的主要理论，前者适用于新兴国家或者体量较小的国家/区域，后者多应用于发达国家或拥有悠久城市发展历史的国家。就本书的研究对象而言，位序—规模法则能够较好地刻画城市群人口的规模分布。后来，基尼系数和赫芬达尔指数引入城市经济学领域，用于刻画经济活动空间分布不均衡程度。

$$\ln P_i = C - q \ln R_i \tag{4-1}$$

式（4-1）中，P_i 是城市 i 的规模，R_i 是城市 i 的规模在城市群中的位序，q 为 OLS 回归斜率的绝对值，也称 Zipf 指数。本章将 q 定义为中心性指数。q 越大，表明城市规模等级结构倾向于幂律分布，即城市群内部规模分布差异较大，核心城市的地位突出，城市群趋于单中心结构；q 越小，表明城市群内部规模分布较为均衡，核心城市的规模不突出，城市群趋于多中心结构分布。

（2）城市基尼系数（Gini）。基尼系数最早是由意大利统计学家 Gini 于 1912 年提出，是衡量收入分配不平衡的重要指标，城市基尼系数由此引申而来。考虑到城市群中的城市数量不同、不同城市群的人口规模存在较大差距等问题，本章在计算城市群基尼系数时选择以城市人口为权重。具体计算公式为：

$$Gini = \frac{1}{2\bar{y}_w} \sum_{i=1}^{n} \sum_{j=1}^{n} n_i n_j |y_i - y_j| \tag{4-2}$$

式（4-2）中，i、j 代表城市群中不同城市，$|y_i - y_j|$ 表示城市群中城市 i 和城市 j 规模的绝对离差，$n_i = N_i/N$ 表示 i 城市人口在城市群人口中所占比重，$\bar{y}_w = n_1 y_1 + \cdots + n_i y_i$ 表示城市群的加权平均收入水平。基尼系数的取值范围介于 0 和 1，当基尼系数越趋近于 0，表明城市群内各城市之间的规模分布较为均匀，城市群趋于多中心结构；反之，当基尼系数趋近于 1，表明城市群内各城市人口空间分布较集中，城市群趋于单中心分布。

（3）赫芬达尔指数（HHI）。赫芬达尔指数早期用来衡量产业集中度，通过测算各竞争主体市场份额（或规模差距）的相对变化来反映产业集中度。后被引入到城市经济学中，是衡量空间结构的常用指标之一。具体计算公式为：

$$HHI = \sum_{i=1}^{n} (X_i/X)^2 \tag{4-3}$$

式（4-3）中，X_i 表示城市规模，X 表示城市群规模，n 为城市群中城市数量。赫芬达尔指数介于 $[1/n, 1]$。该指数越大，表明城市群内各城市规模分布越不均衡，城市群趋于单中心结构；该指数越接近于 0，表明城市群内各城市规模分布趋于均衡，城市群表现为多中心结构。

（二）代理指标的选取

现有文献对空间结构的测算大多采用社会经济统计数据，如城市人口数据、就业数据或 GDP 数据。采用这些数据在测算空间结构时存在一些主观和客观的问题，容易导致计算结果的偏误。例如，在主观层面上，发展中国家的经济统计数据的真实性常常受到外界质疑（Movshuk，2002；Banister，2006）。有学者认为，许多发展中国家由于缺乏资金、制度建设和治理能力不足、统计机构缺乏独立性等多方面原因，往往导致统计能力落后，统计数据难以反映真实的城市状况（Angrist、Goldberg、Jolliffe，2021）。在客观层面上，采用已公布的经济统计数据存在一些难以克服的困难。比如，对于城市人口数据，《中国城市统计年鉴》中的户籍人口数据不足以准确反映城市的人口规模；每十年一次的全国人口普查数据时间间隔较长，无法构建连续年份的面板数据；就业数据也有诸如人口数据的弊端，且多年来的就业统计口径变动较大，不利于长时序观测。而 GDP 数据的内生性更强，往往导致显著的因果偏差。又如，在快速城镇化过程中，部分城市为提升首位度，频繁地进行"撤县（市）设区""撤地设市"等行政区划调整，"人为"扩大城市规模，导致在相应时间段内利用人口数据观测的城市群空间结构可能出现单中心趋势，但并不意味着这些城市群处于单中心集聚的过程。这些主观或客观方面的原因，导致社会经济统计数据不能准确刻画城市群空间分布特征。

考虑到社会经济统计数据的局限性，本章以卫星监测的全球夜间灯光数据作为基础数据，测算城市群的中心性[①]。Angrist、Goldberg、Jolliffe（2021）证实，对发达国家和发展中国家而言，夜间灯光亮度与经济增长密切相关，但夜间灯光数据能够对发展中国家的经济增长进行准确估算，反而对发达国家的经济增长测量可能存在少许偏差。更重要的是，这种高分辨率的卫星监测数据非常适合大尺度的城市化研究（Liu、He、Zhang et al.，2012；Huang、Yang、Gao et al.，2014）。国内外学者先后验证了夜间灯光数据运用于中国城市体系研究、城市规模动态变化研究等方面的可行性（吴健生、刘浩、彭建等，2014；Huang、He、Gao et al.，2015）。在经济学的各细分领域，夜间灯光数据已经得到了广泛的应用（Henderson、Storeygard、Weil，2012；徐康宁、陈丰龙、刘修岩，2015）。在本书中采用夜间灯光数据测算城市群空间结构，整体结果是可信的。

（三）夜间灯光数据的处理

本章对城市群空间结构的考察期为 2000～2020 年，涉及两个时间段、不同卫星监测数据，分别是 2000～2013 年的 DMSP/OLS 夜间灯光数据和 2014～2020 年的 NPP/VIIRS 夜间灯光数据。需要说明的是，2000~2013 年夜间灯光数据源于美国

---

① 除夜间灯光数据外，本书也采用常住人口数据和就业统计数据对城市群空间结构指数进行测算，不同代理指标下的计算结果列于附录 2 中。

国防气象卫星计划（Defense Meteorological Satellite Program，DMSP）搭载的线性扫描业务系统（Operational Linescan System，OLS）探测所得，简称 DMSP/OLS 夜间灯光数据。这一数据集经美国军方收集后，由美国国家海洋和大气管理局（NOAA）的国家地球物理数据中心（National Geophysical Data Center，NGDC）进行处理并对外发布①。DMSP/OLS 数据集已经经过初步的处理，但仍存在一些问题，如数据未经辐射定标、存在明显的"饱和"现象等，不便于直接使用。2014～2020 年夜间灯光数据来源于美国 2011 年发射的"索米"国家极轨卫星伙伴（Suomi National Polarorbiting Partnership，Suomi NPP）搭载的可见光红外辐射成像仪（Visible Infrared Imaging Radiometer Suite，VIIRS）所获取的夜间灯光遥感影像。相比于 DMSP/OLS 数据集，NPP/VIIRS 数据集不存在像元亮度饱和的问题，且在时间分辨率、空间分辨率和辐射分辨率等方面都更有优势。

因涉及不同时间段、不同卫星监测的夜间灯光数据，需要构建 2000～2020 年可比较的夜间灯光数据集。本章的具体处理过程是：第一步，分别对 DMSP/OLS 数据和 NPP/VIIRS 影像数据进行处理和校正，得到 2000～2013 年和 2014～2020 年的稳定灯光数据集。原因是 DMSP/OLS 数据已经去除偶然噪声，但存在像元"饱和"等问题；NPP/VIIRS 数据不存在灯光饱和现象，但未消除偶然噪声。因此，对 DMSP/OLS 数据的校正包括"饱和"订正、年内合成订正及年际序列订正等步骤在内的系统订正（Elvidge、Ziskin、Baugh et al.，2009；曹子阳、吴志峰、匡耀求等，2015；刘修岩、李松林、秦蒙，2017），这样既可解决不同年度和不同卫星在时间序列上的不可比问题，也可解决像元 DN 值的"饱和"问题。对 NPP/VIIRS 数据的处理，主要包括去除异常值、年内融合和年际连续校正等步骤在内的系统订正（徐康宁、陈丰龙、刘修岩，2015；Zhao、Chen、Ji et al.，2018），这样即可得到 2014～2020 年稳定的年度灯光数据。第二步，将 DMSP/OLS 和 NPP/VIIRS 两个数据集进行整合，利用回归方程建立2000～2020 年的可比较的夜间灯光数据集（杜海波、魏伟、张学渊等，2021）。经过以上处理，本章构建出 2000～2020 年长时序可比较的夜间灯光面板数据集，

---

① 目前，NOAA 对外发布的夜间灯光数据产品有四种，包括平均可见灯光（Average Visible Lights）、稳定灯光（Stable Lights）、能观察的无云覆盖次数（Cloud Free Coverages）以及平均灯光 X Pct（Average Lights X Pct），学术研究使用最多的是稳定灯光数据。稳定灯光数据经过去云处理，去除火光、极光等偶然事件的影响等多层筛选，最后合成得到城市、乡村及其他稳定灯光所在地发出的年平均灯光强度值。本书也采用已公布的稳定灯光数据。

以此来测算中国城市群中心性指数。

四、城市群空间结构的整体变化趋势

基于 2000～2020 年的夜间灯光数据，本章采用位序—规模法则、基尼系数、赫芬达尔指数等方法来测算中国城市群的中心性指数。具体结果附于附录 2。将各城市群中心性指数作简单加权求得总体均值，图 4-6 展示了平均中心性指数的变化趋势。可以看出，黏性和多中心化并存于中国城市群。现有文献普遍认为，空间结构形态具有相对黏性（或稳定性），即在一段时间内，空间结构指数的变化有限（Lee，2007；Meijers and Burger，2010）。本章测得的城市群中心性指数也表现出这一规律。2000～2020 年，由位序—规模法则测得的平均中心性指数的波动区间为［1.09，1.54］，而基尼系数（Gini）、赫芬达尔指数（HHI）的波动区间更小，分别为［0.38，0.51］和［0.26，0.35］（见图 4-6）。多种方法得出的中心性指数的变化幅度均在小范围内波动，印证了空间结构具有相对黏性的事实。

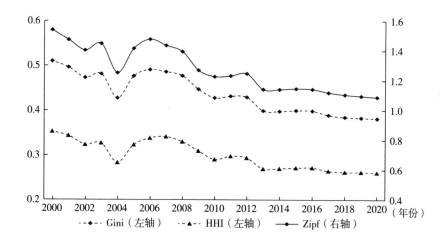

图 4-6　2000～2020 年城市群中心性的整体趋势：夜间灯光亮度

除黏性特征外，城市群还呈现明显的多中心化趋势。图 4-6 显示，采用不同方法、利用夜间灯光数据测算得出的中心性指数，均呈现明显的下降趋势。其中，位序—规模法则测算得出的 Zipf 均值，从 2000 年的 1.54 波动下降至 2020 年的 1.09；基尼系数（Gini）和赫芬达尔指数（HHI）也呈现相似的波动下降趋

势。这意味着在平均意义上，中国城市群呈现普遍明显的多中心化趋势，城市体系空间组织正在由单中心模式逐渐向多中心模式转变。这一结论与现有文献的结论基本一致（孙斌栋、华杰媛、李琬等，2017[①]；刘凯、吴怡、王晓瑜等，2020[②]）。这也表明，本书采用夜间灯光数据来刻画城市群空间结构演变趋势是合适的。城市群的多中心化趋势表明，得益于城市群中各城市之间经济联系的强化、高铁等交通基础设施的完善，以及大数据等信息化技术的推动，中国城市群实现了从单中心向多中心的演化，城市群的发育程度正趋于完善。

为避免单一指标衡量可能造成的潜在误差，本书采用人均 GDP 作为代理指标，对城市群中心性进行重新测度。经济发展差距与经济要素的相对分布都可以反映出空间结构的演变趋势，更换代理变量后的各城市群中心性指数结果如附录 2 所示。图 4-7 展示了以人均 GDP 测算的中心性指数的变化趋势，不同方法（Zipf 指数、Gini 系数和 HHI）得出的平均中心性均呈现一定幅度的下降态势，意味着中国城市群正朝着多中心化趋势演变。

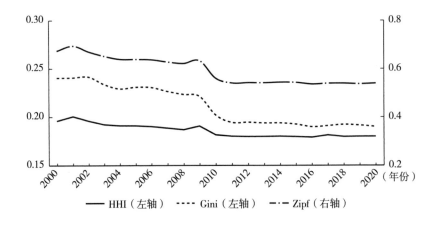

图 4-7　2000~2020 年城市群中心性的整体趋势：人均 GDP

① 孙斌栋、华杰媛、李琬等（2017）选用宁越敏（2011）界定的 13 个城市群为研究对象，运用 1990~2010 年中国人口普查年份的常住人口数据，以及联合国人口司公布的 1984~2012 年的城镇人口数据，使用规模—位序法则测度城市群的中心度指数，发现除个别城市群外，大多数城市群的空间结构呈现明显的多中心化趋势。

② 刘凯、吴怡、王晓瑜等（2020）以《国家新型城镇化规划（2014—2020 年）》中的 19 个城市群为研究对象，利用 2000~2016 年城市人口面板数据，同样采用位序—规模法则来测度中心度指数，证实中国城市群空间结构具有明显的多中心化特征。

五、城市群空间结构的分区域特征

（一）从不同发育程度的城市群来看中心性的区域特征

按照发育程度，将样本城市群分为国家级城市群和区域性城市群两类，图4-8展示了两类城市群的中心性指数变化趋势。考虑到不同方法得到的中心性指数的变化趋势基本一致，以下以位序—规模法则测得的Zipf指数来说明空间结构的演变特征。从图4-8中可以看出，不同发育程度的城市群的中心性指数有显著差异。大部分时间段内，国家级城市群的中心性要低于区域性城市群，表明经济基础较好、发展程度较高的国家级城市群的多中心程度要高于发育程度相对较低的区域性城市群。但两类城市群的中心性差距在不断缩小，甚至在个别年份，区域性城市群的多中心程度要高于国家级城市群。

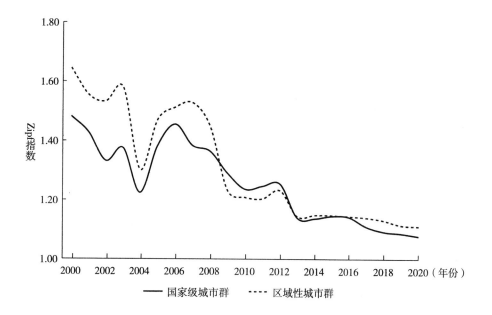

图4-8　2000~2020年不同等级的城市群中心性指数变化

（二）从不同地域板块的城市群来看中心性的区域特征

分区域来看，东部、中部、西部、东北四大区域城市群的中心性同样呈现显著的空间差异。如图4-9所示，东部城市群的多中心程度最高且多中心进程最快，即中心性指数（Zipf指数）降幅最大；中部和东北城市群的中心性指数相差不大，且变动趋势基本一致；西部城市群的单中心程度明显高于其他区域。目前，中国城市群多中心程度从高到低的顺序依次是：东部城市群、中部城市群、东北城市群和西部城市群。

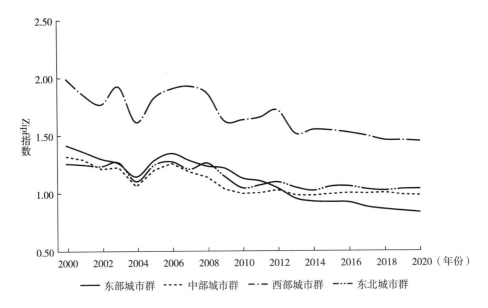

图 4-9　2000~2020 年不同板块的城市群中心性变化

六、城市群空间结构的个体特征

从个体城市群的中心性指数变化可以更清楚地看出空间结构演变趋势①。图 4-10 列举了 2000 年、2010 年、2020 年三个年份，基于位序—规模法则测算的各城市群中心性指数。对比三个年份的中心性指数发现，绝大部分城市群的中心性指数呈现"2000 年>2010 年>2020 年"的下降趋势，这也印证了图 4-7 的结论，即中国城市群整体呈现普遍明显的多中心化趋势。

---

① 本章采用夜间灯光数据和人均 GDP 数据等多种数据源，基于不同方法测算了城市群中心性指数，具体测算结果于文后附录 2 中所示。附表 2、附表 3、附表 4 是采用夜间灯光数据分别计算的 Zipf 指数、基尼系数和赫芬达尔指数，附表 5、附表 6、附表 7 是采用人均 GDP 数据分别计算的 Zipf 指数、基尼系数和赫芬达尔指数。在此列出部分年份城市群 Zipf 指数变化趋势和波动幅度，以说明中心性指数特征。

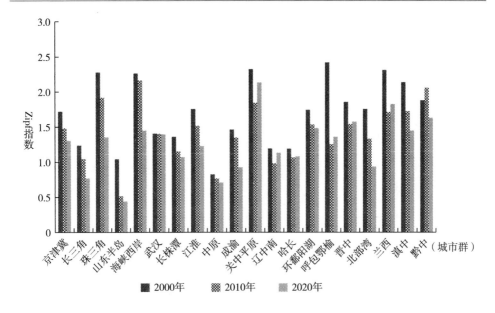

图 4-10　不同年份下各个城市群中心性变化

图 4-11 借鉴股市 K 线图来说明各城市群中心性指数的波动区间和极值情况，其中，K 线柱状部分的实体大小表示该城市群历年中心性的均值加减一个标准差所至的区间，上影线和下影线所至表示考察期内该城市群中心性的最大值和最小值，横轴是按照东部、中部、西部、东北四大区域对城市群依次排序。可以看出，个体城市群中心性的特征主要有：其一，在考察期内，所有城市群中心性指数均呈现显著的波动下降趋势，中国城市群去中心化趋势明显。其二，大部分城市群的中心性指数标准差较小，这也印证了空间结构具有相对黏性的特征。其三，从中心性指数大小来看，大部分城市群的中心性回落至 1 附近①，表明城市群内部的规模分布趋于合理，之前依靠核心城市支撑的单中心结构逐渐趋于网络化的多中心结构。其四，从横轴分区域特征来看，东部的珠三角城市群、海峡西岸城市群，中部的呼包鄂榆城市群等地区的多中心化趋势明显，武汉城市群、长株潭城市群、中原城市群以及东北的辽中南城市群、哈长城市群的多中心进程缓慢。

---

① 采用位序—规模法则测算空间结构时，当 Zipf 指数接近 1 时，一般认为城市规模分布接近理想状态。

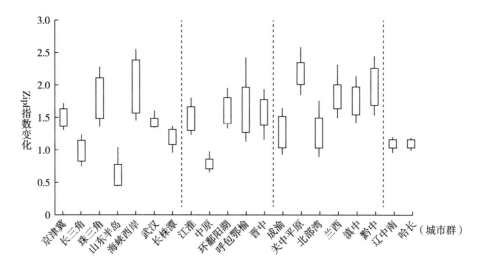

图 4-11 各城市群中心性变动幅度

第二节 对企业全要素生产率的观察

数据是经验研究的细胞，数据的精细程度和质量高低决定了经验研究的准确性。尽管可以采用宏观加总数据对总量生产率进行估算，但存在不容忽视的问题：首先，传统的增长核算法在采用加总数据计算生产率时，隐含的假设条件是存在一个固定的总量生产函数。现实中，这一假设难以被满足。若只存在一个总量生产函数，那么，每个部门的生产函数都是总量生产函数的一个复制品，即所有部门的生产函数是相同的，这也意味着所有部门的劳动、资本、产出之间的关系是完全相同的。这一假设与现实不符（Jorgenson and Griliches，1967）。其次，在经验研究方面，总量生产函数掩盖了微观个体的诸多特征，无法表达出关于经济体内部结构变化或微观个体特征等更多信息，难以进一步检验其中的经济学机制。有研究表明，如果技术创新是通过高效率企业代替低效率企业而逐步发生的，或者是通过新知识的扩散而导致，那么由加总数据度量的生产率是有偏误的（Liu，1993）。

随着微观计量经济学的引入和权威的微观数据库开放，越来越多的研究深入到微观层面,尤其是基于对"中国工业企业数据库"的使用产生了很多重要的研究成果。"中国工业企业数据库"由国家统计局构建,全称是"全部国有及规模以上非国有工业企业数据库",其样本范围为 1998~2013 年全部国有工业企业以及规模以上的非国有工业企业[①]。作为官方收集的权威数据库,工业企业数据库的优点十分明显:大样本、企业信息齐全、观测时间长等。更重要的是,将其构建为面板数据后,这一大样本的数据集可以有效地解决个体异质性问题,也可提高估计结果的一致性和有效性,因此在经验研究中,该数据库受到越来越多的重视,尤其是在区域经济学、劳动经济学、企业经济学和国际贸易等经济学细分领域有广泛应用。

本章采用 1998~2013 年工业企业数据库来测算企业全要素生产率,并将此作为第五章经验研究中经济效率的代理变量。但原始数据库存在企业样本匹配混乱、企业个别指标误差明显、个别年份重要指标缺失或异常等诸多问题,如果忽视原始数据库的缺陷或采取不合理的处理方法,可能导致生产率估算的偏误(聂辉华、江艇、杨汝岱,2012)。故在测算企业生产率之前,本章参考国内外其他学者的常用做法(Brandt、Van Biesebroeck、Zhang,2012;杨汝岱,2015;余森杰、金洋、张睿,2018),对原始数据库进行了细致的处理,包括数据清洗、面板数据的构建、产业分类标准的统一、企业投入产出相关数据的整理等多项工作。具体处理过程详见本书附录 3。以下从数据库的行业门类占比、空间分布对数据库作简要介绍。

一、对工业企业数据库的观察

(一)行业门类占比

工业企业数据库中所指的"工业",在统计口径中包括国民经济行业分类中的"采掘业"[②]"制造业"以及"电力、燃气及水的生产和供应业"[③] 三类[④],其中主要以制造业企业为主。表 4-3 总结了工业企业数据库中的三大门类行业占比

---

① 2010 年及之前,规模以上工业企业统计范围在主营业务销售额达 500 万元以上;从 2011 年起,统计起点标准提高到 2000 万元,指年主营业务收入在 2000 万元以上的工业企业。

② 工业企业数据库中的"采掘业"对应国民经济行业分类中的"采矿业"。

③ 工业企业数据库中的电力、燃气及水的生产和供应业对应国民经济行业分类中的"电力、热力、燃气及水生产和供应业"。

④ 统一产业分类标准后,国民经济行业分类中的"采矿业"的行业代码范围为 06-12,"制造业"的行业代码范围为 13-43,"电力、热力、燃气及水生产和供应业"的行业代码范围为 44-46。

情况。1998~2013 年，制造业企业在数据库中的平均占比为 92.30%，电力、燃气及水的生产和供应业的平均占比为 3.26%，采掘业的平均占比为 4.43%。考虑到采掘业与电力、燃气及水的生产和供应业两大行业的特殊性，其与制造业的生产模式、生产技术相差较大，既非简单 C-D 生产函数可刻画，也不适用于 OP、LP 等非参数估计方法对生产率进行测算，故本书不考虑采掘业和电力、燃气及水的生产和供应业，只聚焦于 30 个制造业行业。

表4-3　工业企业数据库中行业门类所占比重

年份 行业门类（%）	1998	1999	2000	2001	2002	2003	2004	2005
制造业	90.66	90.79	91.03	91.57	91.91	92.34	92.95	92.59
电力、燃气及水的 生产和供应业	4.63	4.72	4.62	4.43	4.24	3.95	3.16	3.09
采掘业	4.71	4.49	4.34	4.00	3.85	3.71·	3.89	4.32

年份 行业门类（%）	2006	2007	2008	2009	2010	2011	2012	2013
制造业	92.49	92.96	93.54	93.16	92.22	92.67	92.83	93.13
电力、燃气及水的 生产和供应业	2.89	2.34	2.22	2.21	2.71	2.29	2.32	2.38
采掘业	4.62	4.70	4.24	4.63	5.03	5.04	4.85	4.50

资料来源：笔者根据中国工业企业数据库自行整理。

（二）制造业企业空间分布

本节统计了工业企业数据库中制造业企业在各城市群的空间分布情况（见表4-4）。从表4-4 可以看出，制造业企业空间分布的一些典型特征。首先，中国制造业的空间分布并不均衡。全国 70% 以上的制造业企业集中分布在更具集聚优势的城市群地区，尤其是国家级城市群一直是制造业企业的集聚高地。赵曌、石敏俊、杨晶（2012）认为，市场邻近和供给邻近决定的贸易成本可为制造业集聚提供合理解释。其次，制造业企业正在发生明显的区域梯度转移。主要表现为，制造业企业正逐步从城市群地区迁移至非城市群地区，城市群地区的制造业占比从 2004 年的 82.17% 下降至 2013 年的 74.08%；制造业企业逐步从国家级城市群向其他地区流出，国家级城市群中制造业企业占比由 2004 年的 78.77% 下降至

2013 年的 70.99%；制造业企业逐步从东部地区转移至中西部地区。尤其是
2004 年之后，迫于成本上涨和产业升级的压力，制造业企业的选址更倾向于成
本较低的中西部城市群，集中表现为京津冀、长三角、珠三角等东部城市群的制
造业企业占比下降，武汉、长株潭、中原、成渝等中西部城市群的制造业企业占
比不断上升。

表 4-4　1999~2013 年制造业企业在各城市群的空间分布情况　　单位：%

制造业企业占比＼年份	1999	2004	2009	2013
京津冀城市群	11.51	8.22	6.68	6.18
长三角城市群	24.07	33.36	29.25	23.44
珠三角城市群	9.41	10.91	11.06	9.09
山东半岛城市群	5.10	6.01	6.50	6.05
海峡西岸城市群	2.79	3.80	3.51	3.60
武汉城市群	3.35	1.73	2.13	2.88
长株潭城市群	1.90	1.80	1.93	2.59
江淮城市群	1.61	1.29	2.09	3.14
中原城市群	3.55	2.36	2.47	3.06
成渝城市群	3.40	3.11	3.78	4.39
关中平原城市群	1.15	0.81	0.60	0.78
辽中南城市群	3.04	3.56	4.70	3.87
哈长城市群	2.41	1.81	1.66	1.91
环鄱阳湖城市群	1.25	0.87	0.79	1.19
呼包鄂榆城市群	0.30	0.27	0.25	0.23
晋中城市群	0.73	0.59	0.32	0.30
北部湾城市群	0.50	0.35	0.42	0.43
兰西城市群	0.58	0.35	0.20	0.19
滇中城市群	0.71	0.52	0.40	0.43
黔中城市群	0.63	0.45	0.24	0.31
总计	77.99	82.17	78.96	74.08

资料来源：笔者根据中国工业企业数据库自行整理。

综上所述，中国工业企业数据库主要以制造业企业为主，制造业企业的空间

分布并不均衡。但值得注意的是，制造业企业正逐步从城市群地区转移至非城市群地区，从国家级城市群向外转移至其他地区，从东部地区转移至中西部地区，这种区域间的企业梯度转移正在改变制造业空间分布不均衡状态。

二、全要素生产率的估算方法

（一）全要素生产率的内涵

新古典经济学中，全要素生产率（Total Factor Productivity，TFP）常被认为是扣除去劳动、资本、土地等要素投入之后的"余值"，而效率的改善、技术进步的贡献以及规模效应都可能是提升全要素生产率的来源。在经验研究中，更多用全要素生产率来表征技术进步的贡献。理论上，学者对全要素生产率有不同的理解。在经济增长核算中，Solow（1956）将全要素生产率视为长期经济增长的组成部分。而Krugman（1991b）则认为，全要素生产率在短期内什么都不是，它仅是经济增长不能由投入的生产要素解释的部分，并且这部分不能通过有形的方式反映出来；但是在长期，全要素生产率可衡量技术进步和效率提升。

在经验研究中，劳动生产率和全要素生产率都是经济效率的表征，但全要素生产率的内涵更丰富，它不仅反映技术进步的贡献，也可以反映资本的效率，还体现了高质量发展的内涵。高质量发展追求更具效率、更高质量、更公平、更可持续的发展，其中更具效率的要义就是要以更少的要素投入获取更大的经济产出，也就是提高全要素生产率，要让全要素生产率的提高成为牵引城市经济增长的主动力源。范剑勇、冯猛、李方文（2014）认为，中国产业结构主要以劳动密集型和装配型制造业产业为主，由劳动生产率表征的经济效率可能存在向下低估的偏误。基于以上考虑，本章以全要素生产率作为经济效率的度量。

（二）企业全要素生产率的测算方法①

随着微观计量经济学的引入和工业企业数据库的开放，企业全要素生产率的估算是最受研究者关注的主题之一。关于全要素生产率的测算，主要包括参数估计和非参数估计两种方法。常见的参数估计方法主要有OLS、固定效应FE等，

---

① 本书采用"中国工业企业数据库"来测算经济效率。这一数据库的优势在于大样本、长时序等，但也在突出制造业的同时忽视了服务业，这一不可避免的局限性有可能会影响城市经济效率的准确性。但在本书的研究中，采用工业企业数据库中的制造业企业数据来测算和反映城市经济效率的增长趋势是合理的。感谢匿名评审专家提出的宝贵意见。未来若有全行业或服务业企业数据库的开放，笔者将对这一局限性进行补充和修正。

非参数估计方法有 Olley-Pakes 方法（以下简称 OP 法）、Levinsohn-Petrin 方法（以下简称 LP 法）等。考虑到参数估计方法不足以解决内生性和估计有效性等问题，而非参数估计方法具有约束条件少、模型适用面广、估计结果具有良好稳健性等优势①，本章选择非参数估计方法测算企业全要素生产率。有文献认为，即使在最有利于参数估计的情况下，非参数估计的效率损失也是比较小的，特别是在大样本情况下更是如此（Olley and Pakes，1996；Levinsohn and Petrin，2003）。尤其是非参数估计中的 OP 方法，能够较好地解决估计过程中的内生性偏差和样本选择偏误等问题（鲁晓东、连玉君，2012；陈琪，2020）。

本章采用 Olley 和 Pakes（1996）提出的 OP 方法来估计企业全要素生产率。在具体测算中，采用工业总产值衡量产出，企业从业人员衡量劳动力，固定资产原价估算出的实际资本存量衡量资本，最后分行业估计企业全要素生产率。为更加客观反映资本和劳动对于产出的贡献，所有投入产出变量都以 1998 年为基期并且是消除通货膨胀后的实际值。其中，中间投入和工业总产值使用企业所在省份的工业品出厂价格指数予以平减，资本存量使用分地区固定资产投资价格指数予以平减，平减指数取自"中经网统计数据库"。

三、企业全要素生产率的时空趋势

（一）制造业年度全要素生产率的时间趋势

这里以加权得到的制造业年度全要素生产率来判断企业全要素生产率的整体变化趋势。尽管不同行业或不同城市的生产技术、区位条件是不可比的，加权得到的全国层面的全要素生产率并没有绝对值含义，但年度之间有一定的可比性。参考已有文献的方法（Hsieh and Klenow，2009；Brandt、Van Biesebroeck、Zhang，2012；杨汝岱，2015），本节分别以企业工业总产值、从业人员、工业增加值为权重，由企业全要素生产率先加权求得各行业的平均全要素生产率，再由各行业平均全要素生产率加权得到全国制造业层面的年度全要素生产率，其时间

---

① 相比参数估计，非参数估计在实际运用中有三大优势：第一，非参数估计对估计方程的具体形式要求并不严格，采用非参数回归可消除随机干扰项 ε 的影响，函数在每一点的值由数据决定。第二，非参数估计对于生产率的假设更宽松，不可观测的生产率可以服从任意的一阶马尔科夫过程，线性的马尔科夫过程可以通过差分得到矩条件，非线性的马尔科夫过程可以通过消除随机扰动项 ε 后的参数的函数形式去构造矩条件。第三，非参数估计不依赖于总体的分布形式，可以广泛地运用于不同类型的总体。尤其对于不确定总体分布形式的情况下，可借助非参数估计方法解决问题。

变化趋势如图 4-12 所示。

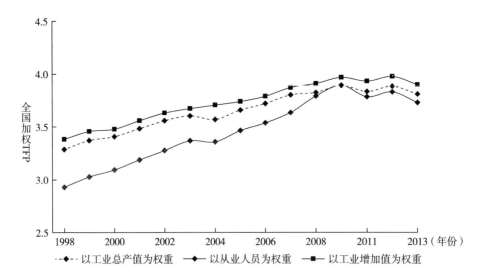

图 4-12   1998~2013 年全国制造业企业平均 TFP 变化

注：2010 年的数据指标缺失严重，图 4-12 未显示 2010 年的数据。

整体而言，三种加权方法得到的全国制造业年度全要素生产率均呈现逐年递增的趋势，但 2008 年发生的金融危机对中国制造业企业的影响显著，使全要素生产率的变化呈现阶段化特征。分阶段来看：

1998~2007 年，中国制造业企业全要素生产率呈现稳定增长态势。从以从业人员为权重得到的年度全要素生产率来看，从 1998 年的 2.93 增长到 2007 年的 3.64，增长了 24.23%，年均增长速度为 2.69%。与其他两种加权方式（以工业总产值和工业增加值为权重）计算得到的年度全要素生产率相比，三者的变化趋势基本一致，证实了在金融危机发生之前的 1998~2007 年，中国制造业企业全要素生产率稳步增长。关于中国制造业行业全要素生产率的增长，学术研究中一直存有争议。但研究同一时间段、采用企业数据对中国制造业全要素生产率进行研究的类似文献[①]，得出的结论与本节的研究结果非常接近，这意味着本节的研

[①] 与本节研究类似的文献，由于采用相同的估计方法和数据来源，尽管数据处理过程略有差异且测算指标选取不同，但从计算结果来看，本节的研究结果与其他文献的结论整体上非常接近。鲁晓东和连玉君（2012）采用 OP、LP 方法测算的 1999~2007 年中国制造业 TFP 的年均增长速度为 2%~5%；杨汝岱（2015）采用 OP 方法计算得到的制造业企业 TFP，在 1998~2007 年的年均增长速度为 3.83%。

究对数据库的处理较为合理，计算结果具有较高的可靠性。

2008~2013 年，制造业年度全要素生产率在［3.73，3.89］的区间内波动变化，其他两种权重方法计算的结果也呈现相似的波动趋势，只是以从业人员为权重的年度全要素生产率的波动幅度要高于以工业总产值和工业增加值为权重的年度全要素生产率。这一区间内的波动印证了金融危机的发生对中国制造业有显著的影响。2008 年发生的金融危机引发了全球经济衰退，中国制造业产品出口受阻，内需动力不足，挫伤了企业劳动和资本效率。

（二）制造业企业全要素生产率的核密度曲线变化

核密度估计是一种被广泛应用的非参数方法，通过对变量的概率密度进行估计并将此转化为连续的密度曲线，直观、形象地反映出变量的分布形态、位置延展性等信息，是一种常用的研究非均衡分布的重要工具。以下绘制的核密度分布曲线都是采用估计精度较高的 Epanechnikov 核函数进行核密度估计。图 4-13 绘制了 1998 年、2006 年和 2013 年这三年制造业企业全要素生产率的核密度分布曲线。从不同年份的核密度分布曲线位置关系可以看出，随着时间的推移，企业全要素生产率的核密度分布曲线不断向右移动，2013 年的核密度分布曲线明显位于 2006 年的右侧，而 2006 年的核密度曲线又明显位于 1998 年的右侧，这表明制造业企业全要素生产率水平在考察期内随时间推移而不断提高。图 4-13 的年度核密度曲线右移趋势与图 4-12 的年度全要素生产率上升趋势，佐证了中国制造业企业全要素生产率逐年递增的事实。

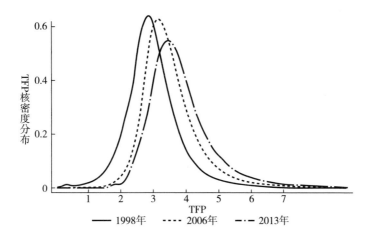

图 4-13　不同年份的制造业企业 TFP 核密度曲线

需要注意的是，随着时间的推移，核密度分布曲线的"左尾"和"右尾"表现出明显的"左断尾、右厚尾"现象。图 4-13 中，在核密度分布曲线的左端，呈现"1998 年>2006 年>2013 年"的"左断尾"的现象，表明处于较低的生产率水平上的企业数量在逐年减少；而在核密度分布曲线的右端，则呈现相反的"2013 年>2006 年>1998 年"的"右厚尾"的现象，表明处于较高的生产率水平上的企业数量在逐年增多。这种"左断尾"和"右厚尾"的现象有可能源于企业不断增强的自选择效应。激烈的市场竞争和较高的进入壁垒会对低生产率企业产生挤出效应，同时吸引并保留了高生产率企业，这种"择优"和"去劣"的企业自选择效应，在核密度分布曲线上即可表现出"左断尾"和"右厚尾"的现象（Baldwin and Okubo, 2006）。此外，核密度曲线随时间右移的同时，波峰明显下降且变得更加扁平，表明中国制造业企业全要素生产率差距有扩大趋势，可能没有向某一个稳定点收敛。

（三）制造业企业全要素生产率的空间差异

分区域来看，不同城市群地区的全要素生产率存在显著的空间差异。图 4-14 展示了在 1998~2013 年，东部、中部、西部、东北四大区域城市群的制造业企业全要素生产率的核密度分布。从曲线位置关系可以看出，东部城市群的全要素生产率水平在全国是最高的，这一区域具有显著的生产率优势；西部城市群的核密度分布曲线位置最靠左，意味着这一区域的企业全要素生产率整体偏低。整体而言，在制造业企业全要素生产率的视角下，不同区域的城市群呈现"东部区域>中部区域>东北区域>西部区域"的差异化特征。

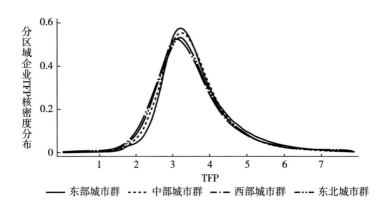

图 4-14　四大区域的制造业企业 TFP 对比

四、城市群空间结构与企业全要素生产率的相关性

（一）分中心性的核密度分布

结合 2000~2020 年各城市群中心性数值的分布特征①，选择以均值 1.1 为界，将城市群分为单中心和多中心两类城市群。图 4-15 展示出两类城市群制造业企业全要素生产率的核密度分布。

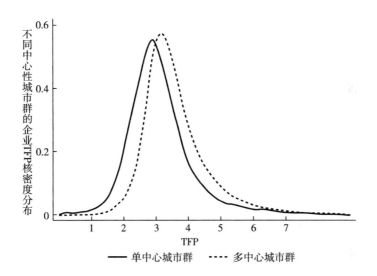

图 4-15　不同中心性城市群的制造业企业 TFP 对比

从分布曲线的位置关系来看，多中心城市群的企业全要素生产率水平明显偏高，意味着多中心城市群具有显著的生产率优势；而中心性指数较高的单中心城市群，核密度分布曲线的位置相对靠左，意味着单中心城市群的企业全要素生产率水平整体偏低。从整体来看，企业全要素生产率表现出"多中心>单中心"的趋势，说明城市群的中心性与企业全要素生产率存在负相关关系。

（二）代表性城市群的核密度分布

为更直观地理解城市群中心性与企业全要素生产率的相关性，本节选取京津冀城市群和珠三角城市群这两个具有代表意义的城市群予以说明。这两个城市群

---

① 这里采用城市夜间灯光数据，以位序—规模法则测算城市群中心性指数。

是目前中国发育程度较高的城市群，也是代表南北地区的国家级城市群。图4-16绘制了2013年两大城市群的企业全要素生产率核密度分布。从核密度曲线位置来看，珠三角城市群的核密度分布曲线明显位于京津冀城市群的右侧，意味着2013年珠三角城市群的制造业企业全要素生产率水平整体要高于京津冀城市群。从图4-16中核密度分布图的尾部变化来看，珠三角城市群的"左尾"明显偏低且"右尾"相对较高，表明珠三角城市群集聚了相对较少的低效率企业，同时吸引了更多的高效率企业。由此，从制造业企业全要素生产率的视角来看，珠三角城市群实现了对京津冀城市群的赶超。

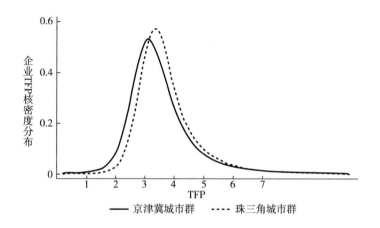

图4-16　2013年京津冀城市群和珠三角城市群企业 TFP 对比

　　造成这一典型特征的原因可能是多个方面的，其一，珠三角城市群一直是制造业企业的集聚高地，凭借"腾笼换鸟"式的产业结构调整率先完成了产业升级。尤其是遭受金融危机的重创后，该地区加快了产业转型的步伐，积极培养并引入了大量高端产业和高效率企业，逐渐淘汰部分低端产业或低效率企业，整体表现出突出的生产率优势。其二，从空间结构的差异来看，2000年，京津冀城市群和珠三角城市群的 Zipf 指数十分接近①。2013年，两大城市群的中心性差异明显，珠三角城市群表现出明显的多中心趋势，而京津冀城市群仍呈现典型的单中心结构。事实上，多中心结构利于凝结不同规模等级的城市形成网络外部性，

---

　　① 2000年，采用夜间灯光数据测算的京津冀城市群和珠三角城市群的 Zipf 指数分别为 1.57 和 1.56；2013年，两大城市群的 Zipf 指数分别为 1.20 和 0.93。

通过城市间功能分工和投入产出关联等途径促进了企业间的资源整合，可促进企业全要素生产率的提升。正是以上诸如产业结构调整、空间结构演化等因素的作用，使珠三角城市群的制造业企业生产率普遍高于京津冀城市群。

第三节　对区域差异的观察

在经济联系紧密、人口流动频繁的城市群中，区域差异的扩大不利于营造公平有序的竞争环境，容易引发城市群内部的各类问题。而收入收敛性一直以来都是经济学研究领域的热点话题。作为一种考察经济要素在地区间差距的动态演变规律的重要分析工具，收敛性分析已经被广泛应用于经济学各个领域。早在20世纪20年代，Ramsey（1928）就指出，在一个封闭经济中，地区经济增长率可能与初期人均收入水平存在反向关系，即初期收入水平越高，后期经济增长率可能越低。这一结论最早揭示了地区间经济发展差距及其动态变化。新古典增长模型用技术进步解释了各国经济增长差距的原因，认为资本的边际产出呈现递减趋势，将导致发达国家经济增长趋缓，发展中国家的经济增长较快，这种增长速度的差异会使欠发达地区追赶上发达地区，经济增长由此经历了从偏离状态到长期稳态均衡增长路径的过程（Solow，1956）。

本节以地区间差异指数表征区域差异，针对城市群居民收入展开收敛性分析，并找出收敛性来源。现有文献为探究这一问题已然进行了大量富有成果的研究，这里主要做如下补充：第一，单一数据来源容易导致评估结果的偏误。现有文献未有以校准后的长时段夜间灯光数据进行收敛性分析的研究，本节结合社会经济统计中的居民收入数据和卫星监测的夜间灯光数据来反映地区收入水平，以期形成对现有研究的有益补充。第二，本节从 α 收敛、β 收敛等多个方面检验中国城市群的收入收敛性，并通过俱乐部收敛寻找这一收敛性的来源，形成完整的收敛性分析。

一、收敛模型的选择

收敛性可分为 α 收敛和 β 收敛。以下对收敛模型、变量选取等作简要说明。

（一）α收敛

Barro 和 Sala-i-Martin（1991）将 α 收敛定义为不同经济体之间的人均收入差距随时间推移逐步缩小。通常采用标准差、变异系数、基尼系数等方法测度。α 收敛性检验中，基尼系数是最常用的指标。关于基尼系数的公式及意义，在本章第一节已有说明，这里不再赘述。

（二）β收敛

Sala-i-Martin（1996）从严格的计量角度指出，β 收敛是指不同区域间的人均收入增长率与初始水平负相关，即初期收入较低的区域比初期收入较高的区域将以更快的速度增长。β 收敛包括绝对 β 收敛、条件 β 收敛以及俱乐部收敛等不同形式。

（1）绝对 β 收敛。绝对 β 收敛是假设经济体的外生条件（如储蓄率、人口增长率和技术进步率等）是相同的。受资本边际报酬递减的影响，所有经济体的人均收入随时间推移收敛于同一稳态均衡点（Solow，1956）。具体模型为：

$$Gap_{it} = \ln(Y_{i,t+1}/Y_{i,t}) = \alpha + \delta_i \ln(Y_{i,t}) + \varepsilon_{i,t} \tag{4-4}$$

式（4-4）中，$Y_{i,t}$、$Y_{i,t+1}$ 分别表示第 t 年和第 $t+1$ 年的城市 i 的收入水平，α 是截距项，δ 是收敛系数。若 $\delta < 0$，表示存在收入收敛，即存在低收入地区追赶高收入地区的趋势；若 $\delta > 0$，表示区域差异有发散趋势。通过收敛系数 δ 可以计算出收敛速度 η，两者的关系是：$\delta = -(1-e^{-\eta T})/T$，其中 T 为时间段。

（2）条件 β 收敛。条件 β 收敛是考虑到各经济体之间的异质性，如不同经济体在储蓄率、人口增长率和技术进步率等方面存在较大差异。在考虑个体异质性的情况下，若低收入地区比高收入地区的收入增长更快时，各经济体收敛于各自的稳态均衡点，即为条件 β 收敛[①]。具体检验模型为：

$$Gap_{it} = \ln(Y_{i,t+1}/Y_{i,t}) = \alpha + \delta_i \ln(Y_{i,t}) + \sum_{j=1}^{n} \lambda_j X_{j,i,t} + \varepsilon_{i,t} \tag{4-5}$$

式（4-5）中，系数 δ 为条件 β 收敛系数，若 $\delta < 0$，表示存在条件收敛，意味着存在欠发达地区的"追赶效应"；若 $\delta > 0$，表示区域差异呈现发散趋势。式（4-4）和式（4-5）的区别在于是否引入控制变量 $X_{i,t}$，这里考虑了储蓄率、人口增长率、人力资本水平、政府财政能力、产业结构等可能影响 Gap_{it} 的因素，

---

① 绝对 β 收敛与条件 β 收敛这两个概念都对应于新古典增长理论，在增长回归方程中都能得出稳态均衡点。两者的差异主要在于，绝对 β 收敛认为所有可控变量对不同经济体都一样，因此只有一个稳态水平；而条件 β 收敛容许经济体的异质性，因此每个经济体都可以有不同的收敛路径。

式（4-5）的核心解释变量和被解释变量均与式（4-4）相同。在统计学意义上，条件 β 收敛能够避免遗漏解释变量问题，增强了居民收入空间差异的解释能力。

（3）俱乐部收敛。现实中，所有经济体都收敛于稳态往往无法实现，更可能出现的现象是：某些地区具有显著的收敛趋势，且收敛至较高的稳态水平；而有些地区的经济差距却呈现扩大趋势，面临贫困陷阱或中等收入陷阱。若在收敛性检验中能够发现，某些"俱乐部"或"集团"内呈现收敛趋势，某些"俱乐部"或"集团"内呈现发散态势的证据，可能会更好地解释现实中普遍存在的富裕地区与贫困地区共存的现象，也便于寻找平均收敛性下的收敛性来源。Barro 和 Sala-i-Martin（1991）、Galor（1996）指出[1]，俱乐部收敛是在一定约束条件下的条件收敛，即当初始条件和结构特征相似时的组内收敛。若存在俱乐部收敛，表明可能存在多个均衡状态和多个均衡路径，其均衡状态的差异不仅受到初始状态差异的影响，还强调结构特征差异的影响。

（三）指标选取与变量描述性分析

为更准确地衡量城市群地区间居民收入情况，本节采用城镇居民人均可支配收入水平作为地区收入指标的代理变量[2]，考察时间为 2000~2020 年。城镇居民人均可支配收入指标来源于 2000~2021 年的《中国区域经济统计年鉴》和各城市统计年鉴、统计公报。为避免单一指标的衡量可能造成的潜在误差，本节还采用卫星监测的夜间灯光亮度均值作为地区收入水平的代理指标，以检验收敛性事实。卫星监测的夜间灯光数据因其良好的数据性质，常被用来反映地区人口密度、居民收入、地区经济活动等多维信息[3]（Henderson、Storeygard、Weil，2012）。有文献采用城市夜间灯光亮度来表征地区收入水平（Zhou、Ma、Zhou et al.，2015；刘修岩、李松林、秦蒙，2017），但未有以校准后的长时段灯光数

---

① Barro 和 Sala-i-Martin（1991）、Galor（1996）提出，新古典增长模型可以有多重均衡，初始状态较为接近的经济体，由于具有不同的结构特征（如制度、禀赋、地理条件等），不一定收敛于同一稳态水平，只有在初始条件相互接近且结构特征相似的条件下，这些经济体才可能趋于同一稳态水平，并将其称为俱乐部收敛。

② 部分文献在考察收入收敛性时，选择将人均地区生产总值作为代理变量。虽然影响人均地区生产总值与居民收入水平的各种因素高度一致，但是人均地区生产总值更适合衡量地区经济增长，这一指标并不等同于收入指标，两者内涵不同。而且在理论上，人均收入的增长要滞后于经济增长，人均收入的均衡往往也滞后于经济增长的均衡，两者不能相互替代。

③ Henderson、Storeygard、Weil（2012）指出，卫星监测的夜间灯光数据是客观反映人口空间分布、人均收入水平、地区经济发展等方面的有效指标。

据展开收敛性分析的相关研究，本节尝试在这一方面做出补充。

收敛性检验模型中，核心解释变量为地区收入水平 $\ln(Y)$，被解释变量为地区间差异指数（Gap[①]）。条件 β 收敛模型中加入了如下控制变量：①城市储蓄率（$Saving$），是影响区域差异的重要因素，采用城市年末存贷款余额占城市 GDP 比重来衡量；②城市人口增长率（$Population$），采用城市常住人口增长率衡量；③城市人力资本水平（HR），采用在校大学生人数与城市总人口之比来衡量；④地方政府财政能力（$Fiscal$），采用地方财政一般预算支出占城市 GDP 比重衡量；⑤城市产业结构（$Industry$），采用城市第二产业增加值与第三产业增加值的比值来衡量。控制变量数据来源于《中国城市统计年鉴》。模型中相关产出指标均根据城市所在省份的 GDP 平减指数予以平减，基期为 2000 年。表 4-5 给出相关变量的描述性分析。

表 4-5　收敛性检验模型中的变量描述性分析

变量名称	变量定义	均值	标准差	最小值	最大值
被解释变量					
Gap	地区间差异指数，取对数	0.0955	0.0394	−0.0737	0.2125
核心解释变量					
$\ln(Y)$	地区收入水平，取对数	9.7638	0.6500	8.3806	11.0214
控制变量					
$Saving$	城市储蓄率	1.0204	0.5716	0.0010	4.0057
$Population$	城市人口增长率	0.0066	0.0235	−0.0952	0.2708
HR	城市人力资本水平	13.6873	0.7944	10.9314	15.0653
$Fiscal$	地方政府财政能力	2.2703	0.9355	0.3313	6.9676
$Industry$	城市产业结构	1.3451	0.3561	0.5346	2.6015

二、区域差异的观察：α 收敛性检验

关于 α 收敛性，本节采用基尼系数加以检验。表 4-6 展示了采用城镇居民人均可支配收入为代理变量计算的不同年份各城市群的基尼系数。首先，从基尼系

---

① Gap_{it} 表示 t 时期内 i 城市与城市群内其他城市的收入离差。

数的变化区间来看，区域差异处于高位的城市群数量明显减少，区域差异处于低位的城市群数量持续增多。结合基尼系数的分布特征，这里以数值 0.04 和 0.1 为界，将城市群划为高差异度、中等差异度和低差异度城市群三类。其中，基尼系数大于 0.1 的高差异度的城市群数量，由 2000 年的 8 个下降至 2020 年的 3 个①；基尼系数介于 0.04 和 0.1 的中等差异度的城市群数量，从 2000 年的 10 个增加到 2020 年的 14 个②；呼包鄂榆、北部湾、兰西等城市群的基尼系数长期处于低差异度区间。其次，从基尼系数的变化方向来看，大部分城市群的基尼系数在持续缩小，如珠三角城市群的基尼系数下降明显，群内差异在快速缩小。也有部分城市群的基尼系数在变大，如京津冀、长株潭、江淮等城市群的基尼系数明显提高，意味着这些城市群的内部差距有扩大趋势。此外，从基尼系数的标准差来看，大部分城市群的基尼系数在 2000~2020 年变动幅度较小，标准差偏低。

表 4-6 城市群基尼系数变化

城市群	基尼系数			标准差
	2000 年	2010 年	2020 年	
京津冀城市群	0.168	0.162	0.220	0.019
长三角城市群	0.108	0.081	0.083	0.010
珠三角城市群	0.169	0.085	0.080	0.037
山东半岛城市群	0.062	0.057	0.067	0.007
海峡西岸城市群	0.075	0.096	0.084	0.007
武汉城市群	0.128	0.143	0.147	0.017
长株潭城市群	0.081	0.111	0.150	0.028
江淮城市群	0.057	0.078	0.081	0.009

---

① 2000 年的高差异度城市群有京津冀、长三角、珠三角、武汉、关中平原、哈长、晋中、黔中城市群，2010 年和 2020 年的高差异度城市群仅剩下京津冀、武汉、长株潭 3 个城市群。

② 2000 年，处于中等差异度的城市群有山东半岛、海峡西岸、长株潭、江淮、中原、成渝、辽中南、环鄱阳湖、北部湾、滇中城市群共 10 个；2010 年，增加了长三角、珠三角、关中平原、哈长城市群（北部湾城市群进入低差异度区间，长株潭城市群进入高差异度区间）；2020 年相较 2010 年增加了晋中和黔中城市群。

续表

城市群	基尼系数			标准差
	2000 年	2010 年	2020 年	
中原城市群	0.087	0.065	0.072	0.007
成渝城市群	0.085	0.080	0.055	0.019
关中平原城市群	0.109	0.089	0.081	0.010
辽中南城市群	0.080	0.074	0.080	0.009
哈长城市群	0.169	0.068	0.081	0.029
环鄱阳湖城市群	0.047	0.067	0.066	0.009
呼包鄂榆城市群	0.006	0.006	0.005	0.017
晋中城市群	0.144	0.032	0.057	0.027
北部湾城市群	0.076	0.016	0.011	0.021
兰西城市群	0.033	0.004	0.039	0.013
滇中城市群	0.050	0.047	0.067	0.018
黔中城市群	0.116	0.038	0.042	0.029

关于表 4-6，笔者还关注到一个现象：京津冀、长株潭、江淮等城市群的基尼系数显著上升，而珠三角、长三角等城市群的基尼系数明显缩小。这一差异化特征固然有多个方面因素，但值得注意的是，区域差异较大、基尼系数偏高的城市群更多表现出单中心结构，反观区域差异较小、基尼系数较低的城市群具有明显的多中心化特征。这引发我们思考，城市群空间结构特征与区域差异之间是否存在相关性，更进一步地，两者之间有无因果关系？这将是本书第六章经验研究的内容。

三、区域差异的观察：β 收敛性检验

（一）绝对 β 收敛性检验

以下基于模型（4-4）对绝对 β 收敛性进行检验。对于模型（4-4）的估计，这里主要采用面板固定效应 FE 和系统 GMM 估计，多种不同估计方法可增强结果的稳健性。在面板固定效应估计中，同时控制了个体效应和时间效应的影响。在系统 GMM 估计方程中，将核心解释变量 $\ln(Y_{it})$ 的滞后期作为其自身的工具

变量,同时引入被解释变量 Gap 的滞后一期项作为控制变量。之所以选择系统 GMM 模型,主要是考虑到居民收入具有明显的路径依赖特征,当期收入水平明显受到前期水平的影响,加上模型中的解释变量 ln(Y) 和被解释变量 Gap 之间可能存在双向因果关系,容易引起内生性问题,可能导致静态模型的估计结果有偏且不一致[1]。对于模型检验的有效性,这里报告了 Wald 检验和 AR(2)统计量,其中,Wald 检验用于检验模型整体拟合的有效性,AR(2)统计量用以检验残差中是否存在二阶序列相关。绝对 β 收敛性检验的结果如表4-7所示。

表4-7 城市群收入收敛性:绝对 β 收敛性检验

变量	面板固定效应			系统 GMM		
	(1) 2000~2020年	(2) 2000~2010年	(3) 2011~2020年	(4) 2000~2020年	(5) 2000~2010年	(6) 2011~2020年
δ	-0.1669*** (0.0129)	-0.2038*** (0.0234)	-0.3369*** (0.0227)	-0.0298*** (0.0018)	-0.0245*** (0.0019)	-0.1042*** (0.0392)
R^2	0.4341	0.4111	0.4761			
F	168.6	75.87	221.11			
AR(2)				0.6558 (0.5119)	-0.7802 (0.4381)	-0.1504 (0.8805)
Wald				313.22	225.27	54.33
N	400	220	180	380	200	180

注:*、**和***分别表示在10%、5%和1%水平下显著,回归系数下括号内数值为稳健性标准误,检验统计量下括号内数值为 P 值。

表4-7的列(1)至列(3)为面板固定效应模型的全样本和分时段的估计结果,列(4)至列(6)为系统 GMM 模型的全样本和分时段的估计结果。首先,从全样本估计结果来看,无论是固定效应(列(1))或是系统 GMM 估计(列(4)),系数 δ 均为负值,且在 1% 的水平下通过显著性检验。这表明在统计学意义上,各城市群的居民收入存在显著的绝对 β 收敛态势。也就是说,城市群中高收入城市的收入增速较慢,低收入城市的收入增速较快,城市群内部差距

---

① 系统 GMM 估计方法(Blundell and Bond,1998)在估计方程中引入了因变量的滞后项,通过增加一组滞后的差分变量作为水平方程的工具变量,有效控制了模型的内生性和异方差的问题,由此提高了估计的有效性和一致性。

正逐步缩小。其次，从整个考察期划分成 2000~2010 年和 2011~2020 年两个时间段来看，不同估计方法、不同时间段内的回归系数 δ 均显著为负，分时段的检验结果与全样本的检验结果无根本性差异。表明在不同时间段内，城市群依然表现出低收入城市向高收入城市追赶的收敛特征。尤其是 2008 年发生的金融危机并未破坏收入收敛性趋势。

通过收敛系数 δ 可以计算出收敛速度 η，两者关系是：

$$\delta = -(1 - e^{-\eta T})/T \tag{4-6}$$

就收敛速度 η 而言，全样本和分时间段的收敛速度存在差异。以系统 GMM 模型的分样本估计结果为例（列（5）和列（6）），2010 年以后的收敛速度（5.2%）显著快于 2010 年之前的收敛速度（0.66%）和全样本的收敛速度（2.54%）。不同时间段内收敛速度的差异，可能源于我国区域政策的制定和调整是基于国家区域发展形势而进行适时优化和完善，在不同发展时期内，区域政策的战略目标有所不同。2010 年之前，效率优先是区域政策的重点目标，尽管同时兼顾协调发展，但区域政策向效率的倾斜明显减缓了我国城市群收入收敛的进程。2010 年以后，国内外经济形势发生了深刻变革，区域发展的战略重点转向协调发展（刘秉镰、边杨、周密等，2019），在高铁、通信等基础设施不断完善所引致的时空压缩效应下，城市群内部的经济要素呈现网络化流动，地区差异差距得以更快速地缩减。此外，政府在这一时期采取的稳定市场、稳定就业、促进发展等多重措施，对实现共同富裕的缩小也起到显著的效果。

（二）条件 β 收敛性检验

为考察不同城市群是否存在不同的收敛路径，表 4-8 汇报了基于模型（4-5）的条件 β 收敛性检验，其中，列（1）至列（3）为面板固定效应模型的全样本和分时段估计结果，列（4）至列（6）为系统 GMM 模型的全样本和分时段估计结果。估计结果显示，在整个考察期内，以及 2000~2010 年和 2011~2020 年两个子时间段内，收敛系数 δ 均显著为负，意味着城市群居民收入存在显著的条件 β 收敛特征，收入水平上的区域差异随时间推移而逐步缩小。对比表 4-7 的绝对 β 收敛检验结果和表 4-8 的条件 β 收敛检验结果发现，估计系数 δ 均显著为负，估计结果无实质性改变，表明城市群居民收入收敛性并没有在储蓄率、人口增长率、人力资本水平等诸多外生条件的控制下呈现不同情况，收入收敛性的事实是成立的。

表4-8 城市群收入收敛性：条件 β 收敛性检验

变量	面板固定效应			系统GMM		
	（1） 2000~2020年	（2） 2000~2010年	（3） 2011~2020年	（4） 2000~2020年	（5） 2000~2010年	（6） 2011~2020年
δ	-0.2505*** （0.0226）	-0.3047*** （0.0371）	-0.3716*** （0.0259）	-0.0144*** （0.0004）	-0.0923*** （0.0143）	-0.1301*** （0.0035）
Saving	-0.0061** （0.0044）	-0.0131*** （0.0053）	0.0087* （0.0061）	-0.0182*** （0.0005）	0.0425*** （0.0055）	-0.0016** （0.0008）
Population	-0.0212** （0.0219）	-0.0557** （0.0286）	-0.0221*** （0.0095）	-0.0138*** （0.0025）	0.3717*** （0.0534）	-0.0809*** （0.0095）
HR	-0.0066** （0.0038）	-0.0897 （0.3231）	-0.0100*** （0.0047）	-0.0714*** （0.0263）	-0.0129** （0.0082）	-0.1037*** （0.0023）
Fiscal	0.0527** （0.0324）	0.2452*** （0.0714）	0.0514** （0.0267）	0.0845*** （0.0025）	0.4875*** （0.117）	0.7437*** （0.0246）
Industry	0.0077*** （0.0024）	0.0169*** （0.0048）	0.0013* （0.0036）	0.0466*** （0.0006）	0.0157*** （0.0073）	0.0709*** （0.0021）
L. Gap				-0.1635*** （0.0014）	-0.1258*** （0.0197）	-0.2095*** （0.0032）
R^2	0.4751	0.4763	0.4519			
F	19.65	12.07	36.23			
AR（2）				0.9531 （0.3431）	-1.3126 （0.1888）	-1.1416 （0.2532）
Wald				25602.45	112.72	18153.95
N	340	160	180	340	160	160

注：＊、＊＊和＊＊＊分别表示在10%、5%和1%水平下显著，回归系数下括号内数值为稳健性标准误，检验统计量下括号内数值为P值。

条件 β 收敛速度也呈现如绝对 β 收敛速度一致的阶段化差异特征[①]。对控制变量的解释如下：城市储蓄率（Saving）、城市人口增长率（Population）和城市人力资本水平（HR）的估计系数显著为负，意味着若能提高地区储蓄水平、扩大城市人口规模或是增加高素质人才储备，有助于城市群居民收入收敛。而地方

---

① 以系统GMM估计结果为例，全样本时期（2000~2020年）、经济新常态之前（2000~2010年）以及经济新常态之后（2011~2020年）三个时期，居民收入的条件 β 收敛速度分别为2.87%、0.83%和9.18%，2010年以后的收敛速度明显快于2010年之前。

政府财政能力（*Fiscal*）和城市产业结构（*Industry*）偏重工业化等因素会抑制收入的收敛，适当减少政府对市场的干预、加快产业结构服务化等措施都是缩小城市群地区间差异指数的有效途径。

（三）稳健性检验

为避免单一代理指标可能导致的结果偏差，增强估计结果的稳健性，采用城市夜间灯光亮度均值作为地区收入的代理变量，并基于系统 GMM 估计方法进行稳健性检验。表 4-9 的列（1）至列（3）为绝对 β 收敛性检验结果，列（4）至列（6）汇报了在考虑异质性后的条件 β 收敛性检验结果。从估计系数的符号和显著性来看，无论是绝对 β 收敛性检验和条件 β 收敛性检验，系数 δ 均显著为负，估计结果无实质性改变。这表明在更换代理指标后，不改变基准回归的核心结论，即城市群居民收入具有显著的绝对 β 收敛和条件 β 收敛特征。此外，不同时期内的收敛速度也呈现与表 4-7、表 4-8 相似的阶段化差异特征，即 2011～2020 年的收敛速度显著快于 2000～2010 年和全样本下的收敛速度[①]。

表 4-9　城市群收入收敛性：稳健性检验

变量	绝对 β 收敛			条件 β 收敛		
	（1） 2000～2020 年	（2） 2000～2010 年	（3） 2011～2020 年	（4） 2000～2020 年	（5） 2000～2010 年	（6） 2011～2020 年
δ	−0.1301 *** (0.0599)	−0.0264 *** (0.0053)	−0.2639 *** (0.0403)	0.2283 *** (0.0679)	−0.1947 *** (0.0746)	−0.3362 *** (0.0997)
控制变量	No	No	No	Yes	Yes	Yes
AR（1）	−2.8344 (0.0046)	−3.2822 (0.0009)	−2.0902 (0.0366)	−2.5226 (0.0116)	−1.4002 (0.1610)	−1.7227 (0.0849)
AR（2）	−0.6173 (0.5370)	−1.0974 (0.2725)	−1.1509 (0.2498)	−0.3825 (0.7021)	0.8200 (0.4141)	−1.61 (0.1074)
Wald	29.56	16.17	268.13	63.63	127.5	240.30
N	380	180	180	340	160	180

注：*、**和***分别表示在 10%、5% 和 1% 水平下显著，回归系数下括号内数值为稳健性标准误，检验统计量下括号内数值为 P 值。

---

① 这里的收敛速度包括绝对 β 收敛速度和条件 β 收敛速度。

四、进一步讨论：俱乐部收敛性检验

以上验证了中国城市群地区间差异指数呈现显著的收敛特征，那么这种收敛性的来源为何？以下通过俱乐部收敛性检验来寻找收敛性来源，主要从三个方面展开讨论：一是按照发育程度，将城市群分为发育程度相对较高的国家级城市群和快速发展中的区域性城市群两种"俱乐部"，分别考察不同等级城市群的收入收敛性；二是按照城市群位序规模分布特征，将城市群分为中心性较高的单中心结构和中心性较低的多中心结构两种"俱乐部"，考察不同空间结构城市群的收入收敛性；三是将每个城市群视为一个"俱乐部"，单独考察其收敛性。在估计方法选择上，考虑到可能存在的内生性影响，俱乐部收敛性检验均采用系统GMM 估计方法。

（一）分级别的俱乐部收敛性检验

按照城市群形成发育的阶段特征，将城市群分为发育程度较高的国家级城市群和快速发展中的区域性城市群两类。俱乐部收敛性检验结果如表 4-10 所示，列（1）和列（2）分别为国家级城市群的绝对 β 收敛和条件 β 收敛检验，列（3）和列（4）分别为区域性城市群的绝对 β 收敛和条件 β 收敛检验。估计结果显示，不同发育等级的城市群，其区域差异并不存在一致性的收敛态势。经济体量较大、发育程度较高的国家级城市群表现出显著的绝对 β 收敛和条件 β 收敛特征，经济体量较小的区域性城市群的绝对收敛系数仅在 10% 水平下显著，且条件收敛系数并不显著。因此，有理由认为，城市群显著的 β 收敛更多源于国家级城市群，而非经济体量较小的区域性城市群。

导致这种差异可能的原因是，国家级城市群有较强的财政实力和更多的政策支持来推动地区收入均衡发展。比如，对于已经成为中国重要增长极的京津冀、长三角、珠三角等城市群而言，依靠中心城市强大的辐射效应能够有力地推动城市群地区收入均衡发展。又如，武汉城市群、长株潭城市群、环鄱阳湖城市群共同构成范围更广的长江中游城市群，江淮城市群也在通过多种途径加入长三角城市群的"大集体"，城市群这种组团式发展也可促进地区收入均衡发展。相对之下，区域性城市群的收入呈现发散态势，可能源于这类城市群经济体量较小、财政实力较弱，且中心城市常自顾不暇，对中小城市的辐射效应和溢出效应有限，城市群内部难以形成联动效应，导致收入呈现发散趋势。

表 4-10 俱乐部收敛性检验：分级别

变量	国家级城市群		区域性城市群	
	(1) 绝对 β 收敛	(2) 条件 β 收敛	(3) 绝对 β 收敛	(4) 条件 β 收敛
δ	−0.0356*** (0.0015)	−0.0446*** (0.0112)	−0.0825* (0.0493)	−0.0843 (0.1312)
控制变量	No	Yes	No	Yes
AR (1)	−2.55 (0.0112)	−2.39 (0.0170)	−1.04 (0.3001)	−2.47 (0.0141)
AR (2)	0.66 (0.5076)	−0.01 (0.9921)	0.70 (0.4869)	−0.04 (0.9701)
Wald	1206.02	1380.95	11.09	67.28
N	268	238	102	90

注：*、**和***分别表示在10%、5%和1%水平下显著，回归系数下括号内数值为稳健性标准误，检验统计量下括号内数值为 P 值。

（二）分中心性的 β 收敛性检验

空间结构是城市群的重要空间特征，这里采用位序—规模法则测算的城市群中心性来衡量空间结构。结合中心性指数的数值分布特征，以均值 1.1 为界，将城市群分为单中心结构和多中心结构两类。俱乐部收敛性检验结果如表 4-11 所示。从估计结果可以看出，不同空间结构特征的城市群，其收入收敛性有显著差异。单中心城市群的绝对 β 收敛系数和条件 β 收敛系数均未通过显著性检验，意味着单中心城市群并未表现出显著的收敛趋势。多中心城市群的绝对 β 系数在 1% 水平下显著为负，在引入所有控制变量后的条件 β 收敛性检验未改变这一结论，表明多中心城市群具有显著的 β 收敛趋势。由此可认为，中国城市群收入收敛更多源于多中心结构城市群，而非单中心结构城市群。

表 4-11 俱乐部收敛性检验：分中心性

变量	单中心结构城市群		多中心结构城市群	
	(1) 绝对 β 收敛	(2) 条件 β 收敛	(3) 绝对 β 收敛	(4) 条件 β 收敛
δ	−0.0214 (0.0251)	−0.0924 (0.0420)	−0.0379*** (0.0038)	−0.0252*** (0.0057)

续表

变量	单中心结构城市群		多中心结构城市群	
	(1) 绝对 β 收敛	(2) 条件 β 收敛	(3) 绝对 β 收敛	(4) 条件 β 收敛
控制变量	No	Yes	No	Yes
AR（1）	−0.5757 (0.5648)	−1.2071 (0.2274)	−3.36 (0.0009)	−3.30 (0.0010)
AR（2）	0.0359 (0.9713)	0.4135 (0.6793)	0.72 (0.4722)	0.11 (0.9101)
Wald	14.38	43.06	102.59	173.46
N	167	156	173	148

注：*、**和***分别表示在10%、5%和1%水平下显著，回归系数下括号内数值为稳健性标准误，检验统计量下括号内数值为 P 值。

（三）分个体的俱乐部收敛性检验

将每个城市群视为一个"俱乐部"，个体俱乐部收敛性检验结果如表4-12所示。表4-12中列（1）汇报了未考虑城市群异质性的绝对 β 收敛性检验，列（2）汇报了加入控制变量后的条件 β 收敛性检验。对比个体城市群的收敛系数大小及显著性可以发现，收入收敛性特征并非统一存在于所有城市群中，中国城市群在空间上已经分化出各具收敛特征或发散特征的"俱乐部"。部分城市群（如长三角、珠三角、山东半岛、海峡西岸等城市群）的 β 收敛系数显著为负，说明这些城市群的内部差距在逐步缩小；部分城市群（如京津冀、武汉、成渝等城市群）的 β 收敛系数显著为正，表明这部分城市群的内部差距呈扩大趋势，收入分化现象较为突出；也有部分城市群（如辽中南、北部湾、兰西等城市群）的 β 收敛系数未通过显著性检验，意味着城市群内部未表现出显著的收敛或发散特征。

表4-12 俱乐部收敛性检验：个体城市群

城市群	(1) 绝对 β 收敛			(2) 条件 β 收敛			样本量
	δ 系数	AR（2）	Wald	δ 系数	AR（2）	Wald	
京津冀城市群	0.0073*** (0.0027)	1.17 (0.244)	8.64	0.0502*** (0.0276)	−0.39 (0.697)	33.5	221
长三角城市群	−0.0083*** (0.0011)	1.63 (0.103)	1224.21	−0.0012*** (0.0162)	−1.68 (0.093)	619.65	306

续表

城市群	（1）绝对 β 收敛			（2）条件 β 收敛			样本量
	δ 系数	AR（2）	Wald	δ 系数	AR（2）	Wald	
珠三角城市群	-0.1422 ** (0.0922)	-0.07 (0.943)	6.37	-0.3940 ** (0.2621)	-0.92 (0.359)	16.62	153
山东半岛城市群	-0.0363 *** (0.0037)	0.03 (0.974)	219.78	-0.0552 *** (0.0243)	-1.12 (0.265)	134.36	153
海峡西岸城市群	-0.0377 *** (0.0132)	-1.89 (0.058)	35.97	-0.0944 *** (0.0125)	-1.18 (0.238)	73.61	102
武汉城市群	0.0109 *** (0.0019)	0.89 (0.375)	65.3	0.0091 *** (0.0035)	0.73 (0.466)	28.16	204
长株潭城市群	-0.0141 ** (0.0023)	0.29 (0.771)	9.94	-0.0981 ** (0.0176)	-1.16 (0.244)	37.52	136
江淮城市群	-0.0233 *** (0.0030)	1.33 (0.183)	492.4	-0.0371 *** (0.0069)	-1.79 (0.073)	251.13	170
中原城市群	-0.0361 *** (0.0044)	-2.30 (0.021)	833.06	-0.0796 *** (0.0091)	-1.46 (0.145)	3557.16	153
成渝城市群	0.0062 *** (0.0012)	0.73 (0.463)	260.91	0.0021 *** (0.0106)	0.66 (0.509)	796.15	255
关中平原城市群	-0.0749 *** (0.0289)	1.46 (0.145)	74.9	-0.0437 *** (0.0213)	-1.24 (0.214)	684.37	102
辽中南城市群	-0.0115 (0.0120)	-0.15 (0.880)	153.13	0.0411 (0.0864)	-0.06 (0.949)	16.36	170
哈长城市群	-0.0141 ** (0.0064)	0.34 (0.736)	206.63	-0.0786 ** (0.2610)	-1.53 (0.127)	233.52	187
环鄱阳湖城市群	-0.0258 (0.0210)	-0.27 (0.783)	102.94	0.0050 ** (0.0266)	-0.71 (0.497)	258.75	85
呼包鄂榆城市群	-0.1166 * (0.0715)	-0.96 (0.335)	21.49	0.0361 * (0.0196)	-1.29 (0.197)	63.55	51
晋中城市群	-0.0851 *** (0.0157)	-1.57 (0.117)	33.23	-0.1248 ** (0.0883)	-0.85 (0.397)	22.27	85
北部湾城市群	0.8958 (0.8529)	1.03 (0.305)	7.29	0.1350 (0.1150)	1.35 (0.178)	1.29	68
兰西城市群	-0.4017 (0.4405)	0.18 (0.854)	6.25	0.0278 (0.0479)	-0.66 (0.510)	35.57	51

续表

城市群	(1) 绝对 β 收敛			(2) 条件 β 收敛			样本量
	δ 系数	AR (2)	Wald	δ 系数	AR (2)	Wald	
滇中城市群	−0.0580 (0.1226)	0.61 (0.540)	9.17	0.0299 (0.1003)	0.22 (0.841)	117.87	68
黔中城市群	−0.0460*** (0.0082)	−1.29 (0.198)	45.42	−0.0476*** (0.0025)	1.51 (0.131)	84.74	68

注：＊、＊＊和＊＊＊分别表示在 10%、5% 和 1% 水平下显著，回归系数下括号内数值为稳健性标准误，检验统计量下括号内数值为 P 值。

从表 4-12 中还可以发现，对具有显著收敛特征的城市群而言，收敛速度也有明显差异，尤其是珠三角、关中平原等城市群的收敛速度要显著地快于其他城市群。这意味着随着时间的推移，这些城市群将以更快的速度实现收入均等化。此外，值得注意的是，部分收入分化的城市群，如京津冀、武汉、成渝等城市群，更多表现出单中心结构。这与表 4-11 的结论一致，即中国城市群收入收敛性主要源于多中心结构的城市群，而非单中心结构的城市群。未来在推进城市群共同富裕的过程中，应重视个体城市群内部的收入收敛性。

以上按照城市群所处发育阶段、空间结构特征等不同方式进行划分（结果对应表 4-10 和表 4-11），并单独考察了各城市群内部的收敛性（见表 4-12）。结果显示，中国城市群居民收入并不存在一致性的俱乐部收敛态势，即不同发育程度、不同空间结构特征的城市群并非整齐划一地收敛于稳态水平，促成中国城市群收入收敛的主导力量，更多源于发育程度更高的国家级城市群和多中心结构的城市群。这一结果可以很好地解释现实中"发达"城市群与"欠发达"城市群共存的现象。

第四节　本章小结

本章以描述事实的方法分析了中国城市群空间结构的演变规律，并以企业全要素生产率来表征经济效率、以地区间差异指数表征区域差异，对城市群经济效率和区域差异进行事实观察，对基本事实的分析，与前文理论分析相呼应，也为后文经验研究提供支撑。本章的研究内容是：对中国城市群的地理范围进行识别；利用多种数据源、多种测算方法验证了城市群多中心化趋势；利用工业企业数据库验证了制造业企业全要素生产率逐年增长的趋势；利用夜间灯光数据和社会经济统计数据验证了城市群收入收敛的事实。

本章主要结论是：

（1）中国城市群具有明显的发展优势。与非城市群地区相比，城市群表现出强大的人口吸引力、显著的产业结构优化升级态势、更快的经济增速和明显的生产率优势。这种差异化特征表明城市群在中国经济发展格局中的核心地位，佐证了城市群在全国生产力布局中起到的突出作用。

（2）中国城市群空间结构具有相对稳定性和多中心化特征，即"黏性"与"多中心化"并存。本章重构了 2000~2020 年可比较的城市夜间灯光数据集，用以对城市群空间结构进行刻画。经测算发现，中国城市群空间结构具有一定黏性，但也呈现普遍明显的多中心化趋势。其中国家级城市群的多中心程度要显著高于区域性城市群；东部城市群多中心程度明显高于其他区域。

（3）从经济效率来看，中国制造业企业全要素生产率呈现上升趋势。本章基于 1998~2013 年的中国工业企业数据库测算了制造业企业的全要素生产率。测算结果显示，中国制造业企业全要素生产率在考察期内呈现逐年递增趋势，其中，东部城市群、多中心城市群具有显著的生产率优势。

（4）从区域差异来看，中国城市群居民收入呈现显著的收敛态势。α 收敛性检验和 β 收敛性检验均证实这一收敛事实的成立。而促成地区间收入收敛的主导力量，更多源于国家级城市群和多中心结构城市群。收敛性检验结果与现阶段我国"发达"城市群与"欠发达"城市群共存的现象是吻合的。

（5）基于对经济效率和区域差异的观察发现，中国城市群实现了"公平的增长"。本章结合时间和空间维度，采用多种数据源和多种测算方法，对企业全要素生产率和地区间差异指数的时空演进状态进行分析，证实经济效率提升和区域差异收敛的现象在中国城市群并存，这一事实打破了以往对效率与公平不可兼顾的认识。此外，本章还发现了城市群中心性与企业全要素生产率之间存在负相关关系，以及城市群中心性与地区间差异指数存在正相关关系，这一发现符合前文理论假设，也为后文经验研究指明方向。

第五章 城市群空间结构对企业全要素生产率的影响

在城市群空间结构重构的窗口期，究竟是优先发展大城市、依靠中心城市强大的集聚优势形成单中心空间结构，还是应重视城市群内部的分工合作、致力于形成均衡发展的多中心空间结构？这是一个在经验研究和政策实线中被反复讨论的话题。本章以企业全要素生产率表征经济效率，以中心性表征空间结构，实证检验了城市群空间结构对经济效率的微观影响，并进一步从城市群形成演进的逻辑讨论了中心城市规模的门槛效应，确定出这种影响下中心城市的门槛规模。本章经验研究有助于更好地认识和理解中国城市群空间结构演变逻辑，以及背后的微观效率增进机制，也为城市群高质量发展的空间治理策略提供科学参考。

第一节 政策背景

快速城镇化已经使中国从乡土社会迈入城市社会。国家统计局公布的数据显示，2022 年按常住人口统计的城镇化率已达到 65.22%。从国际城镇化发展经验来看，在城镇化发展的中后期阶段，城市群将成为推进国家城镇化发展的重要空间主体。中国在"十四五"时期进入城镇化发展的中后期阶段，随着京津冀协同发展、长三角一体化发展、粤港澳大湾区等重要区域战略的实施和深入推进，以城市群为空间载体的城镇化发展格局正持续优化。那么，在这一背景下，中国城市群空间发展模式应当强调以中心城市集聚效应为主导的单中心空间结构，还是突出以城市网络化发展为特征的多中心空间结构？在中国，单中心城市群和多中心城市群的发展差异是巨大的。以 2021 年为例，如北部湾、关中平原和武汉城市群等典型的单中心城市群，首位城市 GDP 占比已接近或超过 50%，而具有明显多中心化趋势的长三角城市群、山东半岛城市群和海峡西岸城市群，其首位城市 GDP 占比分别是 21.48%、24.59% 和 27.93%。[①]

在现行的城市群发展策略中，也有不同的认识。部分学者认为，规模越大的城市，越能充分发挥集聚经济优势，因此应进一步增强中心城市的综合功能，充分发挥中心城市在城市群中的龙头作用（陆铭，2017）。特别是近年来，在中西部地区城市群的政策实践中，对中心城市扩规模、强功能的观点有很大的市场。在部分城市群规划文件或是省区政府工作报告中，常常可以看到多种加强中心城市或省会城市建设的空间发展策略，如"做大做强省会城市""增加中心城市首位度"等类似的提法，试图以大都市圈的建设来拉动城市群地区的经济发展。与之相对应的是，部分学者则认为，中国城市群发展的阶段特征已经发生明显变化，部分中心城市已经超过最优城市规模，空间集聚带来的集聚负外部性明显超过集聚正外部性，继续强调要素集聚的单中心结构模式难以为继，应着重考虑多中心空间治理策略（孙斌栋、郭睿、陈玉，2019；丁如曦、刘梅、李东坤，2020）。尤其在中国东部城市群的规划文件或东部省份的政府工作报告中，多以"疏解"为关键词，经常看到"疏解中心城市非核心功能""暂停超特大城市无序扩容"等措施，寄希望于通过疏解中心城市非核心功能来推动城市群地区的整体发展。

这两种截然相反的措施意味着，中西部城市群的建设倾向于借助不断强化的集聚效应，以塑造单中心空间结构；而部分东部城市群更偏向于通过对中心城市的疏解形成扩散效应，助推多中心空间发展模式。那么，为提升经济效率，应该优先发展中心城市、做大做强中心城市、促使城市群向单中心模式发展，还是致力于均衡发展形成错落有致的多中心发展模式？是否存在一种最有利于经济效率提升的空间模式，能够整齐划一地运用于不同城市群？由于集聚经济的存在，企业在不同的空间结构中具有不同的生产效率，且企业生产率水平是城市经济效率的直接表现。对空间结构与企业生产率的关系进行分析，关乎企业选址和长远发展，对此需要科学严谨的实证检验。

---

① 笔者根据《中国城市统计年鉴》中的数据计算所得。

第二节　模型设计与说明

一、经验研究的边际贡献

本章经验研究延续了第三章第二节中关于空间结构对经济效率的分析脉络。基于前文构建的概念模型，本章首先检验了城市群空间结构对企业生产率的因果关系，并以中心城市规模作为门槛变量，确定出城市群空间结构对企业生产率的非线性影响下的中心城市门槛规模。本章经验研究的边际贡献可能在于：

一是把空间结构的经济效率效应放在高质量发展的框架下思考。进入新时期，中国经济发展的重要特征就是从高速增长阶段迈入高质量发展阶段，高质量发展阶段的核心任务是提高全要素生产率。从近年来中国经济增长的实际情况来看，全要素生产率的贡献度不断提高，已经成为促进经济增长的第一动力[①]（盛来运、李拓、毛盛勇等，2018）。而经验研究中，劳动生产率与全要素生产率同是经济效率的表征，都可以反映出以更少要素投入取得更大产出效益的含义，但两者有明显的不同。劳动生产率主要受到资本劳动比率变化的影响，全要素生产率的内涵更丰富。全要素生产率是指在一定数量的劳动、资本、土地等要素投入下，由技术进步、资源配置效率提升等带来的"额外"经济增长率，既是技术进步的直观体现，也表征了由规模外部经济导致的资源配置效率提高。更重要的是，全要素生产率提供了高质量发展的实现路径，为经济发展赋予了高质量发展的内涵。因此，在高质量发展的框架下，企业全要素生产率比劳动生产率更合理。遗憾的是，现有文献大多选择测算相对简单的劳动生产率，关于城市群空间

---

① 关于全要素生产率对经济增长的贡献率，不同研究机构和学者的测算结果存在一定的差异。国家统计局数据显示，2021 年中国科技进步贡献率达到 60% 以上。中国社会科学院经济研究所发布的《经济蓝皮书夏季号：中国经济增长报告（2017~2018）》认为，2013~2017 年全要素生产率的贡献率达到 20.83%，预计 2018~2022 年全要素生产率的贡献率将达到 30%。国家信息中心经济预测部模型测算结果表明，全要素生产率对经济增长的贡献率为 42.62%。盛来运、李拓、毛盛勇等（2018）研究发现，1979~2017 年，中国全要素生产率对经济增长的平均贡献率为 25.6%；2021~2050 年，全要素生产率对经济增长的平均贡献率将提升至 55%~66%。虽然考察期、测算方法略有差异，但是现有研究一致认为，全要素生产率的提升已然成为促进经济增长的第一动力。

结构对企业全要素生产率影响的中国故事尚未见诸文献。本章着重以全要素生产率来表征经济效率，来考察城市群空间结构对经济效率的微观影响。

二是采用微观企业数据展开经验研究，避免了宏观分析的局限性。现有研究普遍关注于宏观层面的生产率水平，侧重讨论空间结构之于宏观经济效率的影响，未有针对微观企业生产率的相关研究。宏观生产率分析的局限性在于，加总数据往往掩盖了微观单元的诸多特征，难以对个体异质性、微观作用机制等进行检验；宏观样本数量有限，难以保证估计结果的一致性和有效性。这些局限性可能是现有文献未形成一致性结论的原因。数据是经验研究的细胞，数据质量的精细程度直接决定了经验研究的准确性。微观数据包含了更多的个体信息，且具有大样本、长时序等优点，这在很大程度上保证了估计结果的一致性和有效性，也能精确地反映城市经济活动的内在特征。因此本章采用企业级数据展开分析，以弥补宏观分析的局限性。

三是本章从寻求普遍规律和验证门槛效应两个方面展开实证分析，为解释现行空间治理策略提供科学参考。首先，本章从因果关系出发验证城市群空间结构对企业全要素生产率的影响，提供了多中心空间结构有助于经济效率提升的经验依据。其次，从城市群形成演进背后的逻辑出发，检验了中心城市规模异质性的门槛效应，并确定中心城市的门槛规模。从城市群形成演变过程分析其对经济效率的影响，意义要大于分析何种空间结构有利于经济效率提升。现实中，强调空间结构对经济效率的非线性影响，有利于扭转盲目实施多中心化战略的倾向，遏制空间治理过程中的"一刀切"现象。

二、模型设计与变量说明

在构建面板模型进行因果识别时，考虑到全要素生产率往往表现出显著的路径依赖特征，即当期企业生产率水平很有可能受到前期水平的影响，导致静态模型的估计结果可能有偏且不一致。为此，本章选取更有效的动态模型进行估计。Blundell 和 Bond（1998）提出的系统 GMM 方法，增加了一组滞后的差分变量，将其作为水平方程的工具变量，有效控制了模型的内生性和异方差问题，极大地提高了模型估计的有效性和一致性。基于此，本章在构建动态面板模型时，引入因变量滞后项。模型具体形式为：

$$TFP_{imt} = \alpha + \beta_j \sum_{j=1}^{2} TFP_{im,\,t-j} + \gamma_1 Mono_{mt} + \theta I_{imt} + \delta X_{ct} + \varepsilon_{ict} \qquad (5-1)$$

式（5-1）中，TFP_{imt} 为城市群 m 中的企业 i 在 t 时期的全要素生产率，j 为滞后期数，本章选择 $j=2$。$Mono_{mt}$ 为城市群中心性指数，用来反映城市群空间结构，是本章的核心估计变量。I_{imt} 和 X_{ct} 分别为微观企业的特征向量和城市特征向量，ε_{ict} 为随机扰动项。模型（5-1）中的变量说明如下：

（一）被解释变量：企业全要素生产率 TFP

企业生产率是社会经济活动最直接的体现。本章以企业全要素生产率作为经济效率的表征，具体测算步骤见附录 3，测算结果在第四章第二节中已有详细分析，在此不再赘述。

（二）核心解释变量：城市群中心性指数 $Mono$

本章选取 20 个城市群为研究对象，具体范围划分如表 4-1 所示。对于空间结构，可以采用多种方法进行度量，如位序—规模法则、城市基尼系数、赫芬达尔指数等。第四章对不同方法测算得到的中心性指数进行对比，发现并无显著差异。这里以经验研究中最常用的位序—规模法则为主，运用校正后的 DMSP/OLS 夜间灯光数据来测算城市群中心性指数，反映城市群的中心性程度。

（三）不同空间尺度的控制变量

企业特征的向量 I_{imt}：企业层面的控制变量主要包括企业资产负债率、企业出口情况，以及企业所在行业的市场竞争程度等。其中，资产负债率（$Leverage$）衡量企业财务能力，用企业负债总额与企业总资产的比值表示；企业是否出口（$Export$）用虚拟变量表示，用以对比出口企业和非出口企业的生产率大小，检验是否存在"生产率悖论"；行业的市场竞争程度（HHI），本章采用统一行业大类代码后的 30 个制造业行业计算赫芬达尔指数，用以衡量企业所处行业的市场竞争程度。其他重要微观因素，如企业规模、企业年龄、是否退出市场等因素，在测算企业全要素生产率过程中已经加以控制。

城市特征的向量 X_{ct}：城市层面的控制变量包括城市规模、对外开放程度、城市产业结构、政府作用及城市人力资本水平等。其中，城市规模（$Scale$）的增加有助于通过集聚外部性促进企业生产率的提升（Rosenthal and Strange, 2001），这里采用城市常住人口的对数衡量；外商直接投资（FDI）可通过技术外溢效应实现企业生产率的提升（Findlay，1978），这里采用城市每年实际使用外资金额占城市 GDP 比重衡量城市对外开放程度；城市产业结构（$Second$、$Third$），分别用城市第二、第三产业增加值占 GDP 比重表示；政府财政能力

（*Fiscal*），用政府财政支出与城市 GDP 之比来衡量政府财政能力；城市人力资本水平（*Talents*），采用在校大学生人数占城市总人口比重来衡量，以表征城市人力资本的总供给。

企业层面的控制变量从"中国工业企业数据库"中测算得出，城市层面的数据来源于历年的《中国城市统计年鉴》。在处理时，产出指标根据城市所在省份的 GDP 平减指数进行平减，基期为 1998 年，各省份的平减指数通过 1998~2014 年《中国统计年鉴》中的各省份 GDP 指数计算而得。实际使用外资总额按照《中国统计年鉴》提供的历年人民币市场汇率折算成人民币价值。表 5-1 列出了相关变量的含义及描述性统计分析。

表 5-1　第五章变量定义与描述性统计

变量名称	变量定义	均值	标准差	最小值	最大值
被解释变量					
TFP	全要素生产率	3.6369	1.1866	0.1357	14.8757
核心解释变量					
Mono	中心性	0.8695	0.2818	0.2260	1.8329
企业控制变量					
Export	企业是否出口	0.2947	0.4559	0.0000	1.0000
Leverage	资产负债率	0.5766	0.3149	0.010	1.226
HHI	市场竞争程度	0.0043	0.0279	0.0002	0.4683
城市控制变量					
Scale	城市规模	5.9576	0.6451	4.1620	7.9963
FDI	对外开放程度	0.3877	0.4121	0.0007	2.4663
Second	城市第二产业占比	0.4929	0.0985	0.1850	0.9871
Third	城市第三产业占比	0.3665	0.0813	0.0850	0.7761
Fiscal	政府财政能力	0.1093	0.0537	0.0266	0.8243
Talents	城市人力资本水平	0.0162	0.0194	0.0019	0.1276

第三节 基准回归及稳健性检验

一、基准回归分析

首先考察城市群空间结构对企业全要素生产率的因果关系，本章采用多种估计方法对此进行识别，估计结果如表5-2所示。系统GMM估计方法能够利用差分方程消除不随时间变化的、观测不到的企业特征或者城市特征，在一定程度上缓解了遗漏变量引起的内生性问题。同时加入面板固定效应和工具变量估计方法，便于对比估计结果。表5-2中，列（1）和列（2）是加入控制变量前后的系统GMM模型估计结果，列（3）和列（4）分别是采用工具变量法IV和固定效应FE的估计结果，其中IV估计是采用城市群空间结构的两期滞后项作为工具变量进行估计。Hausman检验结果为11145.03，显著拒绝原假设，故认为空间结构具有内生性，采用IV估计和系统GMM估计是必要的。

表 5-2　城市群中心性对企业 TFP 的影响：基准回归

变量	(1) GMM	(2) GMM	(3) IV	(4) FE
L1. TFP	0.6107 *** (0.0047)	0.4833 *** (0.0062)		
L2. TFP	0.2999 *** (0.0043)	0.1885 *** (0.0049)		
Mono	−0.1429 *** (0.0086)	−0.2613 *** (0.0126)	−0.1141 *** (0.0044)	−0.1065 *** (−0.0072)
Export		0.0108 *** (0.0077)	0.0105 *** (0.0030)	0.0415 *** (−0.0034)
Leverage		−0.1124 *** (0.0123)	−0.1284 *** (0.0037)	−0.1371 *** (−0.0059)
HHI		−28.8950 *** (2.0571)	0.1923 *** (0.0234)	0.1593 *** (−0.0209)

续表

变量	(1) GMM	(2) GMM	(3) IV	(4) FE
Scale		-0.4074*** (0.0313)	-0.9708*** (0.0252)	1.4172*** (-0.0225)
FDI		-0.0521** (0.0078)	-0.0140 (0.0033)	-0.0715*** (-0.0039)
Second		0.0077*** (0.0011)	0.0016*** (0.0007)	0.0044*** (-0.0003)
Third		0.0421*** (0.0012)	0.0021*** (0.0008)	0.0002 (-0.0004)
Fiscal		3.5075*** (0.1774)	4.6404*** (0.0520)	3.6022*** (-0.0611)
Talents		2.9217*** (0.4102)	7.6687*** (-0.1370)	11.0603*** (-0.2021)
常数项	0.8976*** (0.0311)	1.5962*** (0.1902)	14.3116*** (0.2415)	8.9975*** (0.1561)
AR (1)	-88.1370 (0.0000)	-66.3260 (0.0000)		
AR (2)	-2.6872 (0.0072)	1.2518 (0.2106)		
R^2			0.2655	0.1563
F 检验			6883.61	3268.1800
Cragg-Donald Wald F			62511.33	
Wald 检验	19422.92	20306.66		
样本量	1318659	1153279	2101246	2110357

注: *、**和***分别表示在10%、5%和1%水平下显著, 回归系数下括号内数值为聚类到城市层面的稳健标准误, 检验统计量下括号内数值为 P 值。

从系统 GMM 估计结果来看, 无论是对中心性指数进行单独回归, 还是加入控制变量后对其进行回归, 核心解释变量 Mono 的估计系数均显著为负, 表明城市群中心化趋势抑制了企业全要素生产率提升, 城市群多中心化发展有利于提升企业全要素生产率。在控制其他条件下, 城市群中心性指数每降低1%, 企业全要素生产率平均提升 26.13%。这一现象背后的原因可能是, 城市群多中心化能够形成明显的网络外部性, 网络外部性极大地扩展了单一城市的集聚边界（刘修岩、李松林、陈子扬，2017），可以在更大空间尺度的城市群上发挥积极作用，促进企业全要素生产率提升。从估计结果的有效性来看，AR（2）统计量表明，残差序列不存在二阶自相关，模型设定是合理的；Wald 检验均拒绝原假设，表明系统 GMM 估计对总体系数的拟合显著，模型估计结果总体是可取的。

从 IV 估计结果来看，中心性指数对企业全要素生产率的影响系数为-0.1141，且在 1%水平下显著。Cragg-Donald Wald 统计量大于临界值，表明不存在弱工具变量问题。从固定效应 FE 估计结果来看，中心性指数的估计系数也显著为负。采用不同估计方法的 Mono 系数均显著为负，表明城市群多中心性的提高有利于提升企业全要素生产率，且这一结果具有稳健性。

本节控制变量的回归系数和符号也与预期一致：①滞后期的企业全要素生产率系数显著为正，且滞后一期的企业全要素生产率系数大于滞后二期的系数，表明企业全要素生产率受自身滞后期影响显著，且近期影响大于远期影响，存在显著的路径依赖特征。②出口企业的全要素生产率要显著高于非出口企业，即生产率高的企业倾向于服务国内和国际市场，生产率低的企业倾向于服务国内市场，企业能够从出口行为中获得"出口学习效应"以提升生产率，证实了出口企业存在生产率优势的事实。③代表企业资产负债率（Leverage）和行业竞争程度（HHI）的变量指标的系数均为负，且在 1%的水平下显著，表明企业负债率的提高和行业垄断程度的加剧都可以降低企业全要素生产率，也证实了合理的财务杠杆和激烈的同业竞争有利于推进企业创新活动。④反映城市规模的（Scale）指标系数显著为负，人口规模的进一步提升反而抑制了企业全要素生产率的增长，这意味着集聚负效应在中国城市中已经出现，盲目扩张城市规模并不是未来城镇化发展的理性选择。⑤代表经济开放程度的变量（FDI）的系数为负，原因可能是外商投资往往集中于少数大城市或省会城市，这种投资偏向扩大了地区内部的企业生产率差距，不利于平均意义上的企业生产率提升。⑥反映城市产业结构的系数均显著为正，且 Third 系数显著高于 Second 系数，说明在我国工业和服务业协同并进的发展背景下，第二、第三产业的发展均能有效促进企业技术进步和城市高质量发展，同时，第三产业比重越高的城市对制造业企业全要素生产率的带动能力越强，城市产业结构转型升级拉伸了产业链，加快了生产要素的跨部门流动，促使企业结合自身优势转移落后产能，提高了企业生产率。⑦反映政府财政能力的指标（Fiscal）系数显著为正，表明政府财政能力的提升可以有效提升企业全要素生产率，其可能的原因是政府财政支出中有相当一部分用于改善城市基础设施、提高科教投入等，这均是提升企业全要素生产率的重要环境因素。⑧城市人力资本水平变量（*Talents*）的系数显著为正，表明拥有丰富人力资本资源的城市往往具有更高的企业全要素生产率，这一正向影响主要受益于"人力资本外部性"（Moretti，2004）。

二、内生性检验

（一）考虑地理工具变量

内生性的来源不同，相应的处理方法也有差异。在本章研究中，互为因果关系导致的内生性问题并不突出，原因是城市群层面的空间结构对微观企业生产率容易产生直接、显著的影响，但微观个体企业难以对宏观层面的空间结构演变产生重要影响。实证检验中，使用微观数据可以在很大程度上规避双向因果关系引发的内生性问题，这也是本章采用微观企业数据的原因之一。此外，在系统GMM 模型中，将空间结构的滞后项作为自身工具变量，已经在一定程度上减轻了由双向因果引发的内生性问题，但使用自变量的滞后项来消除内生性并不具有足够的说服力。这里寻找合适的外部工具变量进行 IV 估计，增加基准回归结果的说服力。

对于外部工具变量的选取，这里借鉴刘修岩、李松林、秦蒙（2017）的方法，选取城市群河流密度来构建人口空间分布的工具变量。自然地理特征可以很好地解释人口的空间分布，且几乎不受经济因素的干扰，具有很强的外生性。更重要的是，河流密度这一地理因素几乎不可能直接影响企业生产率，但却显著地影响城市人口分布（Bosker and Buringh，2017）。由于河流密度的分布是非时变变量，不随时间变化，将宏观尺度上的汇率作为外生冲击来构建工具变量，即选取河流密度的规模分布与汇率的乘积作为城市群中心性指数的工具变量（刘修岩、李松林、秦蒙，2017）。河流密度数据根据国家基础地理信息中心提供的1：400 万主要河流矢量分布图提取而得。

采用地理工具变量的 IV 估计结果如表 5-3 列（1）所示。结果显示，核心解释变量 *Mono* 的系数符号、显著性与基准回归的结果是一致的，未发生根本性变化，即多中心程度的提高会显著提升企业全要素生产率。关于工具变量的检验，Cragg-Donald Wald 统计量大于临界值，表明不存在弱工具变量问题。

（二）考虑自选择效应

由企业自选择效应导致的内生性问题，也是导致因果效应难以识别的原因之一。企业层面的自选择效应，即多中心城市群的企业生产率优势可能源于对低效率企业的挤出和淘汰，同时生产率更高的企业倾向于进入多中心程度更高的城市群。为了更准确地识别城市群中心性与企业全要素生产率之间的因果关系，这里将选择效应作为控制变量纳入回归模型，以控制企业自选择效应可能带来的内生性问题。若控制企业自选择效应后，多中心空间结构仍显著地对企业生产率产生直接影响，可以说明基准回归中所反映的城市群中心性与企业全要素生产率之间的因果关系是稳健的。

对于企业自选择效应的衡量，这里参考 Combes、Duranton、Gobillon 等（2012）的做法，利用分布特征—参数方法来估计企业自选择效应的大小。具体识别思路是，选择效应的存在使区域内的企业全要素生产率的核密度分布曲线出现"左断尾、右厚尾"的分布特征，"左断尾"意味着多中心城市群中的低效率企业要明显少于单中心城市群，"右厚尾"意味着多中心城市群中的高效率企业要明显多于单中心城市群。因此，与不存在选择效应的核密度分布曲线相比，选择效应的存在将导致分布曲线的四分位距存在较大变动，因此，这里采用企业全要素生产率核密度分布曲线的四分位距来表征选择效应。

表 5-3 列（2）报告了控制企业自选择效应后的系统 GMM 估计结果。结果显示，在控制了企业自选择效应后，核心解释变量 *Mono* 的系数符号和显著性均未发生根本性变化，证实基准回归结果是稳健的。

表 5-3 城市群中心性对企业 TFP 的影响：内生性检验

变量	（1） 地理工具变量-IV	（2） 考虑自选择效应
L1. TFP		0.4550 *** （0.0053）
L2. TFP		0.1439 *** （0.0038）
Mono		-0.1408 *** （0.0098）
Mono-IV	-0.1141 *** （0.0044）	

续表

变量	(1) 地理工具变量-IV	(2) 考虑自选择效应
AR (1)		-41.1321 (0.0000)
AR (2)		-0.2123 (0.8318)
R^2	0.2655	
F 检验	6883.61	
Cragg-Donald Wald F	62511.33	
样本量	2101246	1418350

注：*、**和***分别表示在10%、5%和1%水平下显著，回归系数下括号内数值为聚类到城市层面的稳健标准误，检验统计量下括号内数值为P值。

三、稳健性检验

在基准回归中，本章采用不同控制变量和多种估计方法对城市群中心性和企业全要素生产率之间的因果关系进行识别。为进一步增强估计结果的稳健性，以下采用不同测算方法对核心解释变量进行重新测度，以避免单一测算方法可能引起的偏差。在测算城市群空间结构时，本章以纳入城市群内的全部城市来计算。这种做法可以涵盖城市群中所有城市的信息，避免人为地截取前几位城市的位序—规模信息，损失排名靠后的中小城市的信息。考虑到不同城市群存在城市数量的差异，在此分别选取各城市群中前四位、前五位及前六位城市，重新对城市群空间结构进行测算。表5-4中汇报了固定城市数量后重新测度中心性指数的系统 GMM 估计结果。结果表明，核心解释变量中心性（*Mono*）的系数依旧显著为负，估计结果并未发生显著变化。由此可见，城市群内城市数量的选取差异并不影响基准回归结果，进一步证实基准回归结果是稳健的。

表 5-4　城市群中心性对企业 TFP 的影响：稳健性检验

变量	(1) 取前四位	(2) 取前五位	(3) 取前六位
L1. TFP	0.5501 *** (0.0069)	0.4749 *** (0.0072)	0.4718 *** (0.0068)

续表

变量	（1） 取前四位	（2） 取前五位	（3） 取前六位
L2. TFP	0.2469 *** （0.0055）	0.1916 *** （0.0054）	0.1891 *** （0.0052）
Mono	-0.2494 *** （0.0190）	-0.1497 *** （0.0213）	-0.1725 *** （0.0217）
AR（1）	-67.3416 （0.0000）	-65.6632 （0.0000）	-66.5890 （0.0000）
AR（2）	-1.6011 （0.1094）	-0.3441 （0.7308）	-10.1598 （0.8730）
Wald 检验	13938.18	16259.12	17216.55
样本量	793673	793673	793673

注：*、** 和 *** 分别表示在 10%、5% 和 1% 水平下显著，回归系数下括号内数值为聚类到城市层面的稳健标准误，检验统计量下括号内数值为 P 值。

第四节　中心城市规模的门槛效应

上一节的基准回归结果表明，在平均意义上，城市群多中心化有利于提升企业全要素生产率。然而，这一结论是否适用于所有城市群呢？或者说，在城市群的不同发展阶段，空间结构对企业全要素生产率的影响是否存在差异性？以下采用门槛回归和分组回归两种方法对此进行检验。传统的分组回归也可以度量这一差异，但面临的问题是人为划分样本有可能会导致估计结果的偏误，且难以探查到空间结构演变激励企业全要素生产率提升的具体门槛水平。门槛模型可以根据面板数据本身的特点来内生地划分城市群，是解决非线性模型最简洁的方法之一，它实际上是分组检验的一种扩展，可检测不同等级的城市群空间结构对微观企业全要素生产率影响的差异。以下结合这两种方法进一步对城市群空间结构与企业全要素生产率之间的关系进行讨论：

一、门槛效应检验

本节借鉴 Hansen（1999）、Caner 和 Hansen（2004）发展的面板门槛回归模

中国城市群空间结构的经济效应

型，并在模型中加入企业 *TFP* 的两期滞后项，将其扩展为动态面板门槛模型。由于具体门槛数未知，首先假设存在一个门槛水平 τ，即分为 $M_{it} \leq \tau$ 和 $M_{it} > \tau$ 两种情况。假设不同情况下空间结构对企业全要素生产率有显著差异，具体模型形式如下：

$$TFP_{it} = \alpha_0 + \alpha_1 Mono_{it} * I(M_{it} \leq \tau) + \alpha_2 Mono_{it} * I(M_{it} > \tau) + \beta_j \sum_{j=1}^{2} TFP_{im,\,t-j} + \gamma_i I_{imt} + \varphi_c I_{ct} + \varepsilon_{ict} \tag{5-2}$$

式（5-2）中相应的变量含义不变。M_{it} 为门槛变量，τ 为门槛值，α_1 和 α_2 分别是门槛变量 M_{it} 在 $M_{it} \leq \tau$ 和 $M_{it} > \tau$ 时，解释变量对被解释变量的影响系数，$I(\cdot)$ 为示性函数。式（5-2）假设存在唯一门槛值，实际中可能出现两个或者更多的门槛值，双门槛规模模型的形式如下：

$$TFP_{it} = \alpha_0 + \alpha_1 Mono_{it} * I(M_{it} \leq \tau_1) + \alpha_2 Mono_{it} * I(\tau_1 < M_{it} \leq \tau_2) + \alpha_3 Mono_{it} * I(M_{it} > \tau_2) + \beta_j \sum_{j=1}^{2} TFP_{im,\,t-j} + \gamma_i I_{imt} + \varphi_c I_{ct} + \varepsilon_{ict} \tag{5-3}$$

多重门槛模型在式（5-2）和式（5-3）的基础上扩展，这里不再赘述。

（一）面板门槛估计结果

本节将中心城市规模作为门槛变量，选取人口规模和就业规模两个代理指标作为对照，对面板门槛模型进行检验，以期确定合理的中心城市门槛规模。为提高门槛估计精度，这里采用 Hansen（1999）的 Bootstrap 自抽样门槛检验来确定门槛数，通过对每个方程使用 300 次自举迭代，依次得到单一门槛、双门槛的检验结果和对应的门槛值。表 5-5 所示的 Bootstrap 检验结果发现，无论是采用人口还是就业指标来度量中心城市规模，均只有单一门槛的检验效果显著，双重门槛未通过 1% 水平下的显著性检验。这表明，空间结构的微观经济效率提升效应是受到中心城市集聚规模的影响，且表现出显著的单门槛特征。

表 5-5　门槛模型自抽样结果

门槛变量	门槛数	F 值	P 值	1%临界值	5%临界值	10%临界值
中心城市人口规模	单一门槛	226.1000	0.0000	46.5328	36.9308	32.1795
	双重门槛	116.1000	0.1900	203.9757	173.3853	154.9645
中心城市就业规模	单一门槛	1965.5200	0.0000	203.4009	179.2028	161.1720
	双重门槛	126.01	0.9501	263.5382	232.0261	220.8340

表5-6为单一门槛的估计值和置信区间，中心城市人口规模和就业规模的门槛值分别为923和209，中心城市人口规模的门槛为889万~980万人，就业规模的门槛为207万~213万人。笔者认为，检验门槛变量是否存在比找出具体的门槛数值更有意义，门槛变量的置信区间比门槛估计量本身更重要。

表5-6　门槛估计量及置信区间

门槛变量	门槛估计量	95%置信区间
中心城市人口规模	923.2800	[888.7150, 980.4200]
中心城市就业规模	209.3850	[206.6800, 212.9700]

　　通过门槛效应检验后，接下来对单一门槛下城市群中心性对企业全要素生产率的影响进行面板门槛回归分析，结果如表5-7所示。从表5-7中可以看出，当中心城市集聚规模处于不同区间时，中心性指数对企业全要素生产率的作用表现出非线性影响。

表5-7　城市群中心性对企业 TFP 的影响：面板门槛检验

变量	(1) 中心城市人口规模	(2) 中心城市就业规模
Mono （≤923）	0.1495*** (0.0516)	
Mono （>923）	−0.1368*** (0.0471)	
Mono （≤209）		0.4711*** (0.0492)
Mono （>209）		−0.1293*** (0.0159)
控制变量	Yes	Yes
样本量	224508	224508
R²	0.2681	0.2245
F 检验	31.1300	12.0700

　　注：*、**和***分别表示在10%、5%和1%水平下显著，回归系数下括号内数值为聚类到城市层面的稳健标准误，检验统计量下括号内数值为 P 值。

首先，从中心城市人口规模来看（见表5-7列（1）），该门槛值是923，由此将城市群分为 $M_{it} \leqslant 923$ 和 $M_{it} > 923$ 两种情况。从门槛值划分的两个区间来看，城市群中心性对企业全要素生产率的影响随着中心城市规模的扩大呈现显著的区间效应。当中心城市规模低于923万人时，单中心空间结构有利于企业全要素生产率提升，中心性对企业全要素生产率的边际贡献为14.95%。随着中心城市规模的扩张，中心性对企业全要素生产率的影响由正转负，当中心城市人口规模跨过923万人这一门槛值后，中心性对企业全要素生产率的影响系数为-13.68%，即多中心空间结构有利于企业全要素生产率提升。

其次，从中心城市就业规模来看（见表5-7列（2）），就业规模的门槛值是209万人。当中心城市就业规模低于209万人时，也就是中心城市未达到最优集聚规模前，中心性指数的估计系数是47.11%，且在1%置信水平下正相关，表明在这一区间内，单中心空间结构能够显著提升企业全要素生产率；当中心城市的就业规模高于门槛值209万人以后，中心性指数的系数估计值为-12.93%，即当中心城市超过最优集聚规模时，多中心空间结构对企业全要素生产率的正向影响更加显著。

由此，本书假说1得以验证，即存在中心城市规模的门槛效应，使城市群空间结构的微观经济效率在门槛的两侧有显著的差别。当中心城市规模未超过门槛值之前，单中心空间结构有利于企业全要素生产率的提升；当中心城市规模超过这一门槛以后，多中心空间结构有利于企业全要素生产率的提升。

（二）门槛效应的空间差异

为便于分析，本节利用表5-6中估计出的门槛值（中心城市人口规模和就业规模分别为923万人和209万人）来判断城市群空间结构对企业全要素生产率影响的转折点。表5-8报告了1998~2013年，中心城市规模超过门槛值的城市群。到2013年，中心城市人口规模达到这一门槛值的城市群有五个，分别是京津冀城市群、长三角城市群、成渝城市群、珠三角城市群和武汉城市群。在1998~2004年，京津冀城市群、长三角城市群和成渝城市群的中心城市人口规模均超过了923万人的门槛。此后，珠三角城市群于2006年、武汉城市群于2009年先后迈过这一门槛。样本期内，中心城市人口规模超过门槛值的城市群数量从3个增加到5个，此后，有更多的城市群将突破这一转折点。同期，中心城市就业规模超过这一门槛值的城市群从1998年的1个城市群（京津冀城市群）增加到2013年的4个城市群（京津冀城市群、长三角城市群、珠三角城市群和成渝城市群）。

表 5-8　1998~2013 年中心城市规模超过门槛值的城市群

年份	中心城市人口规模超过门槛值的城市群	中心城市就业规模超过门槛值的城市群
1998~2004	京津冀城市群、长三角城市群、成渝城市群	京津冀城市群
2005~2009	京津冀城市群、长三角城市群、成渝城市群、珠三角城市群、武汉城市群	京津冀城市群、长三角城市群、珠三角城市群
2010~2013	京津冀城市群、长三角城市群、成渝城市群、珠三角城市群、武汉城市群	京津冀城市群、长三角城市群、珠三角城市群、成渝城市群

　　总体来看，无论是人口规模或是就业规模，超过门槛值的城市群数量相对较少，这是因为国内城市群发展不平衡造成的。有学者认为，在中国，大部分中心城市的发展不足，距离最优城市规模还有较大差距，中心城市的集聚效应和辐射带动效应仍有增长空间（陈钊、陆铭，2014；潘士远、朱丹丹、徐恺，2018）。此外，城市群多中心化发展对经济效率的非线性影响①，这一结论不仅适用于城市群尺度，还在更小的城市尺度也得到证实。郑建锋和陈千虎（2019）研究发现，对于市区人口规模较小的中西部城市，现阶段不宜盲从多中心发展模式，应积极引导其实行紧凑式的单中心发展。因此，笔者认为，处于这一区间的城市群应继续强化中心城市对城市群的辐射带动作用，只有当中心城市规模达到门槛值后，适度疏解中心城市人口和功能，及时形成错落有致的多中心城市群结构，才能够使制造业企业从中获益。

　　综合而言，由于中心城市的集聚规模变化，使其对城市群空间结构演化及经济效率提升产生重要作用，因此最优的空间发展模式是有差异的。当中心城市规模低于门槛值时，单中心结构是一种有利于企业全要素生产率提升的空间治理模式。随着中心城市规模的扩张，进一步集聚带来的区域负外部性随之凸显，继续维持单中心结构会损害企业全要素生产率提升。此时，合理疏解中心城市的人口和部分功能，培育潜在的次级中心城市，及时形成多中心结构，可以解决企业全要素生产率提升的瓶颈。因此，分析城市群空间结构的经济效率效应，需要重视中心城市的集聚规模。

---

　　①　城市群多中心性对城市绿色发展效率方面也存在非线性影响。张可云和张江（2022）研究发现，城市群多中心性对成员城市的绿色发展效率存在显著的门槛效应，且东部城市群的多中心性对成员城市的绿色发展效率起到促进作用，而中部和西部城市群的多中心性则对绿色全要素生产率起到抑制作用。

二、分组回归估计

结合我国各城市群发展的差异性，以下将 20 个城市群划分为发育程度较高的国家级城市群和发育程度较低的区域性城市群两类，分组检验城市群空间结构对企业全要素生产率的影响，以此形成与门槛效应检验的对照。从表 5-9 的分组回归结果可以看出，不同发育程度的城市群，空间结构对企业全要素生产率的影响表现出较大的差异。对于发育程度较高、经济体量较大的国家级城市群（见表5-9 列（1）），多中心空间结构对企业全要素生产率具有显著的促进作用，中心性每降低 1%，企业全要素生产率增长 22.22%。对于发育程度较低、经济体量较小的区域性城市群而言（见表 5-9 列（2）），单中心空间结构更有利于企业全要素生产率的提升，中心性指数对企业全要素生产率的弹性系数达到 19.48%。

表 5-9　城市群空间结构影响企业 TFP 的分组检验

变量	（1） 国家级城市群	（2） 区域性城市群
L1. TFP	0.5413 *** (0.0067)	0.4115 *** (0.0224)
L2. TFP	0.2307 *** (0.0053)	0.1339 *** (0.0181)
Mono	−0.2222 *** (0.0133)	0.1948 *** (0.0381)
控制变量	Yes	Yes
AR (1)	−66.3260 (0.0000)	−15.9850 (0.0000)
AR (2)	1.2518 (0.2106)	−1.2096 (0.2264)
Wald	18762.9300	934.9800
样本量	1153279	45074

注：*、**和***分别表示在 10%、5% 和 1% 水平下显著，回归系数下括号内数值为聚类到城市层面的稳健标准误，检验统计量下括号内数值为 P 值。

分组回归结果表明，区域性城市群未能从多中心化获得正面效应，多中心带来的企业生产率提升效应主要发生在国家级城市群。出现这一结论的原因在于，这些高速发展的国家级城市群已经不再是先前集聚不足的阶段，如今它们对微观企业的影响主要以辐射效应为主，及时形成错落有致的多中心结构是提升经济效率的有效模式，特别是对微观企业全要素生产率的提升效应尤为显著；对于区域性城市群，由于中心城市规模较小，集聚效应仍有较大的发挥空间，强调要素集聚的单中心空间结构有利于企业全要素生产率的提升，表5-9结论也进一步印证了本书假说1。因此，对于发育程度较低的部分中西部城市群，仍应强调要素的空间集聚，单中心空间发展模式更符合其自身发展的需要。这些结论有助于理解，在中西部地区，做大做强中心城市或省会城市，并非一种资源配置效率的扭曲，而更可能是一种理性的选择。

以上结论表明，空间结构对企业全要素生产率的作用效果随着中心城市规模的变化而变化。当中心城市规模达到某一阈值后，城市过度集聚带来的负外部性明显超过了正外部性，适当地向周边地区疏解，逐步形成多中心化结构，对企业全要素生产率的提升效果更明显。需要指出的是，可能对于不同时间段、不同国家或地区，这一门槛值有所不同，但本节的结果表明，对于任何城市群而言，仅仅关注哪种类型的空间结构具有更高的经济效率是远远不够的，无论是单中心还是多中心空间发展模式，空间结构演变的本质在于中心城市规模变化，只有当中心城市规模超过最优规模以后，多中心化结构才是促进企业全要素生产率提升的一种有效模式。

第五节　对城市群空间治理策略的进一步思考

20世纪80年代，我国城镇化的基本方针定位于积极发展中小城市、严格控制大城市规模，利用户籍制度、土地制度等行政方式阻碍人口向大城市流动。这一城镇化发展战略未能充分发挥大城市的集聚经济效应，中小城市也因集聚不足阻碍了自身发展。基于对这一政策导向的反思，现阶段，部分城市群在制定空间发展政策时倾向于选择"做大做强中心城市""增加中心城市首位度"的单中心发展模式。为此，在地方政府出台了多种政策或以不同方式推动单中心战略的实施。例如，通过行政区划调整的方式提高了中心城市的首位度①；通过撤县设区的方式来扩大中心城市规模②；通过参与"抢人大战"来促进人才集聚以提高城市实力③；通过争取国家级战略平台来获得政策支持④（张航、丁任重，2020）。这种"做大做强中心城市"战略的实施对城市群经济发展有着深远的影响。

但也有部分城市群偏重于多中心城市体系。随着中国经济进入高质量发展阶段，依靠中心城市的单中心发展模式难以支撑地区经济的快速发展。城市发展进入了以城市群为主要载体的发展阶段，应重视城市群内部的合作。与此相对应的是，地方政府出台了多项政策，例如，通过疏解中心城市非核心功能等方式来推动多中心战略的实施；通过加强省会城市或副中心城市建设来提升城市群多中心程度等。需要说明的是，强省会策略中的省会城市并不一定是单中心模式下的核心城市，如山东半岛、海峡西岸城市群，省会城市并不是城市群内规模最大的首位城市。因此，无论是通过行政区划调整或是争取国家级战略平台等方式，都实质性地加强了诸如济南市⑤和福州市⑥等非首位城市的经济实力，极大地提升了

---

① 行政区划调整是做大做强中心城市的最直接的行政手段。合肥、成都、西岸等城市都有此类操作，不仅在短时间内扩大了中心城市的人口规模和土地规模，还可以把被拆分地区的产业、基础设施等现有成果直接"收入囊中"。

② 撤县设区不仅可直接扩大中心城市的行政区划面积，还可以在短期内提高中心的城镇化水平，同时可通过土地置换、财政资源重新配置等途径，优化中心城市的产业结构布局，由此实现"强省会"战略。例如，"大成都""大西安"战略的推进中，都通过不同程度的撤县设区来扩大城市规模。成都市新都区（2001年之前为新都县）、成都市温江区（2002年之前为温江县）、成都市双流区（2015年之前为双流县）、成都市郫都区（2016年之前为郫县）、成都市新津区（2020年之前为新津县）的设立都是为推进"大成都"战略而实施的，西安市临潼区（1997年之前为临潼县）、西安市长安区（2002年之前为长安县）、西安市高陵区（2014年之前为高陵县）、西安市鄠邑区（2016年之前为户县）的设立也是如此。

③ "抢人大战"即通过降低落户门槛、加大住房补贴、增加就业保障等多种方式吸引人才集中于此。西安、成都、武汉等城市本身具有丰富的高校教育资源，且相继出台了人才新政，旨在通过高质量的人力资本促进城市良性发展。

④ 国家级战略平台由中共中央、国务院决定并设立，常被赋予较高层级的政策资源和明显的战略意图。目前，"国家级新区""自由贸易试验区""国家级中心城市"这三个国家级战略平台最引人注目。其中，"国家级中心城市"除四大直辖市外，还有广州、成都、武汉、郑州和西安，均被赋予重要的使命，如广州要引领珠三角城市群发展，成都是成渝城市群的核心之一，武汉要支撑武汉城市群和长江经济带的发展，郑州是中原城市群的核心，西安则要引领关中平原城市群的发展。

⑤ 山东半岛城市群为提高济南市的地位，多次采用行政区划调整的方式扩大城市规模。尤其是2019年，山东省撤销莱芜市，将其所辖区域划归济南市管辖，这一行动获得了前所未有的关注度。这次行政区划的调整，实质性地提升了济南在山东半岛城市群和山东省的城市能级及"存在感"，促进了多中心战略的推进。

⑥ 2020年，福州市提出"强省会""强门户"、争创国家中心城市等发展战略，成功跻身万亿GDP城市俱乐部，与厦门、泉州等城市形成"三足鼎立"的多中心局面。

城市群的多中心性，实质上也是一种多中心发展策略。

现阶段，中国城市群并行存在着两种不同的空间发展策略，同时存在两种不同的城市规模分布模式。单中心和多中心这两种看似矛盾的空间治理策略，似乎与现有经验研究给出的标准式的统一答案相悖。现有文献总是试图回答"何种形式的空间结构有利于经济效率提升"的问题，而无论是"单中心"的回答还是"多中心"的回答，都无法解释在政策实践中城市群并行存在两种不同的空间策略这一现象。如果认为单中心空间发展模式不利于外围城市经济发展，那么从城市群整体经济效率提升来看，应当选择多中心空间发展模式，既然如此，这如何解释在中西部城市群中实施的"做大做强省会城市"等政策。反之，如果认为多中心空间发展模式阻碍了单一城市的集聚外部性，城市群发展应支持单中心空间发展战略，则又无法解释"疏解超特大城市非核心功能""暂停超特大城市无序扩容"等措施的合理性。

不同于发达国家经历了漫长的城市发展，其城市群的形成演变大多基于市场机制的自发作用，中国城市群的发展则更依赖于政府行为。无论是"做大做强中心城市"的单中心发展思路，还是"疏解中心城市非核心功能"的多中心空间策略，都离不开政府的主动引导。在中国特色社会主义市场经济日趋完善的背景下，政府的行为逻辑更注重市场规律。因此，城市群选择何种空间治理策略并非要刻意地照顾某个城市，政府行为和决策通常是站在城市群整体利益角度上考虑的结果。既然如此，为什么要选择这种看似不利于经济效率提升的空间治理模式？

通过第三章第二节中概念模型的阐述，以及本章基于微观企业视角的实证检验，笔者发现，中心城市规模异质性是解读现有政策差异化的重要视角。由于中国城市群之间存在显著的发展差异，不能单纯地判断单中心或多中心的经济效率，事实上也不存在一种最优的空间模式能够整齐划一地运用于所有城市群。中国各城市群之所以选择了不同的空间治理模式，正是根据城市群自身所处的发育阶段以及中心城市的承载力所做出的理性选择。在考察城市群空间治理模式中，应认识到中心城市规模异质性的门槛效应，这也是城市群空间结构演变背后的逻辑所在。正是由于中心城市规模的变化，使最有利于企业全要素生产率提升的城市群空间结构，从"一枝独秀"式的单中心结构走向均衡发展的多中心结构。也就是说，当中心城市规模低于门槛值时，强调"做大做强中心城市"的单中心空间模式有利于企业全要素生产率提升；当中心城市规模超过某一门槛值后，适时疏解中心城市规模、形成错落有致的多中心空间结构，则是一种更有利于企业全要素生产率提升的模式选择。因此，在中心城市规模异质性的前提下，最优的空间治理模式也是有差异的。本章经验研究为现实中正在实施的单中心和多中心空间策略同时提供了逻辑框架和理论证据，也帮助我们理解了中西部地区正在实施的"做大做强中心城市"的单中心空间策略，并不是一种资源配置低效率的体现，也并不是要刻意照顾某个城市的发展，而是基于整体利益考虑下的理性选择。

第六节　本章小结

本章运用工业企业数据库和夜间灯光数据，实证检验了城市群空间结构对企业全要素生产率的影响。主要研究结论有：

（1）企业全要素生产率存在显著的滞后效应。由于受到反应时滞、决策时滞和行动时滞等因素的影响，企业对自身滞后的生产率的反应明显不同。当期企业全要素生产率受自身滞后一期生产率的影响最明显，受滞后二期生产率的影响明显减弱，滞后时间超过三期对当期企业全要素生产率的影响不显著。针对企业全要素生产率受自身滞后性的影响，地方政府在吸引企业进驻时，应积极引导和增强企业创新动力，培育良好的创新环境，形成合理的资源配置效率，以提升基期企业全要素生产率。

（2）从统计学意义上来看，城市群多中心化有利于企业全要素生产率提升。企业经济活动离不开特定的地理空间，由于集聚经济的存在，企业在不同的空间结构中具有不同的生产率。本章研究证实，从平均意义上来讲，城市群的多中心化发展有利于企业全要素生产率提升。在控制其他条件下，城市群的多中心性每提高1%，企业全要素生产率平均提升26.13%，不同量化指标和估计方法均证实这种正向作用是稳健的。这意味着城市群多中心化正在形成明显的网络外部性，网络外部性的存在，极大地扩展了单一城市的集聚边界，在更大空间尺度的城市群上发挥积极作用。

（3）门槛效应检验证实，城市群空间结构与企业全要素生产率之间存在单一门槛效应，中心城市规模异质性影响两者之间的关系。城市群从最初的单一城市，发展至以通勤为半径的都市圈，再发展至以网络联系为纽带的城市群，中心城市在这一形成演变过程中起到重要推动作用。因此，中心城市规模异质性是空间结构影响经济效率的重要门槛变量，这一结论在门槛回归和分组回归中均得到了证实。当中心城市规模较小时，强调要素集聚的单中心结构是提升企业全要素生产率的一种有效模式；当中心城市规模超过最优规模后，集聚负外部性凸显，及时培育潜在的次级中心城市，形成具有辐射效应的多中心空间结构，更有利于企业全要素生产率提升。

第六章　城市群空间结构对区域差异的影响

共同富裕自古以来就是中国人民的朴素愿望。本章以地区间差异指数来表征区域差异、以中心性表征空间结构，从共同富裕战略目标出发，实证检验了城市群空间结构对区域差异的影响关系，并利用中介效应模型，从劳动力流动和城市间功能分工等作用途径验证了多中心发展模式缩小地区间差异指数的作用机制。研究结论为多中心空间结构的区域差异收敛效应提供了证据支持。

第一节　政策背景

改革开放以来，我国在优化空间布局、区域协调发展方面进行了长期且高效的探索。国家统计局公布的数据显示，全国居民人均可支配收入从1978年的171元上升至2022年的36883元，并在2020年历史性地解决了几千年以来一直存在的绝对贫困问题，实现了绝对贫困人口全部脱贫，但这并不意味着中国地区间发展差距的消失。受地理、历史、文化等多重因素的制约，中国城市群之间、城市群内部的发展不平衡的问题仍然存在。尤其是城市群内部的区域差异问题由来已久，是城市群发展不平衡的重要表现，也是制约区域协调发展的瓶颈。

随着中国特色社会主义进入新时代，经济发展也从高速增长阶段迈入高质量发展阶段，而高质量发展的最终目的是满足人民日益增长的美好生活需要、实现全体人民共同富裕，这是中国特色社会主义的本质要求（王一鸣，2020）。党的十九届五中全会提出，到 2035 年，全体人民共同富裕取得更为明显的实质性进展，基本公共服务实现均等化。党的十九届六中全会中进一步强调以人民为中心的发展思想，促进共同富裕。当前，中国已经进入以城市群为主要载体的空间发展阶段。国家"十四五"规划纲要提出，以城市群、都市圈为依托促进大中小城市和小城镇协调联动、特色化发展；《"十四五"新型城镇化实施方案》提出，完善以城市群为主体形态、大中小城市和小城镇协调发展的城镇化格局。以人为核心的新型城镇化是推进共同富裕的重要途径。基于市场联系形成的城市群，突破了原本以行政划分为基础的城市发展思路，在新型城镇化过程中发挥着重要的引领带动作用，是实现共同富裕的重要空间平台。通过城市群发展，推动基础设施、公共服务和政策体系的一体化，缩小区域差异，实现更大范围内的共同富裕，成为共同富裕赋予城市群发展的新内涵。

本书第四章第三节中的相关性分析表明，地区间基尼系数较大的城市群往往具有明显的单中心化趋势，而地区间基尼系数较小的城市群更多表现出多中心化趋势。城市群的空间形态与地区间基尼系数之间的这种相关性引发我们思考：这种相关性是否具有显著的因果关系，其影响效应与驱动机制究竟如何？这也是本书在第三章第三节中提出的假说 2 和假说 3，即单中心空间结构更容易扩大区域差异，多中心空间结构更有利于缩小区域差异，多中心空间结构缩小区域差异主要通过扩大要素流动规模和深化城市间功能分工来实现。本章对此进行验证，试图回答"城市群空间结构影响地区间基尼系数的因果关系及作用路径"这一问题。

第二节　计量模型设计与变量说明

一、模型构建与变量说明

本章以中心性表征空间结构，以地区间差异指数表征区域差异，验证城市群空间结构的区域差异效应。构建基准回归模型：

$$Gap_{it} = \alpha_0 + \alpha_1 Mono_{m,t-1} + \alpha_2 X_{i,t-1} + \eta_i + \gamma_t + \varepsilon_{it} \tag{6-1}$$

其中，Gap_{it} 代表在 t 时期 i 城市与城市群内其他城市之间的差异指数，$Mono_{m,t-1}$ 为城市群的中心性指数，$X_{i,t-1}$ 表示其他可能影响地区间差异指数的控制变量。η_i 和 γ_t 分别代表不可观测的异质性以及随时间变化的不可观测因素，ε 为随机扰动项。模型中变量说明如下：

（一）被解释变量：地区间差异指数 Gap

离差法是衡量系统内部差距的重要工具，本章采用离差法测算地区间差异指数 Gap，以此作为区域差异的代理指标。采用历年的《中国城市统计年鉴》中的城镇居民人均可支配收入来衡量城市平均收入水平，具体计算公式是：$Gap_{im} = \ln(|R_{im} - R_m|)$。其中，$R_{im}$ 为城市群 m 中城市 i 的平均收入，R_m 为城市群 m 的平均收入水平。

（二）核心解释变量：城市群中心性指数 $Mono$

采用本书构建的 2000~2020 年可比较的夜间灯光面板数据集，运用位序—规模分布法测算城市群的中心性指数 $Mono$。关于数据集的构建和中心性指数的测算公式，在第四章中已有解释，在此不再赘述。

（三）控制变量

其他控制变量主要包括：①地方政府财政能力（$Fiscal$），反映政府对经济活动的干预程度，是影响地区收入的重要因素，采用地方政府财政支出占城市 GDP 的比重衡量。②城市对外开放水平（$Open$），通过提升本地技术和管理水平，进而对城市经济发展产生影响，这里采用城市实际利用外资总额占城市 GDP 比重来衡量。③城市产业结构（$Industry$），采用城市第二产业与第三产业增加值之比来反映。④城市人力资本水平（Edu），采用在校大学生人数占城市总人口比重来衡量，以表征城市人力资本的总供给。⑤城市物质资本投入（$Capital$），是影响城市发展和居民收入的重要变量，采用城市固定资产投资与城市 GDP 之比来反映。

二、变量描述性分析

模型（6-1）中的变量，除夜间灯光数据外，其他城市数据均来源于历年的《中国城市统计年鉴》，以及历年的《中国区域经济统计年鉴》和各城市统计年鉴、统计公报。与产出有关的经济指标根据城市所在省份的 GDP 平减指数进行平减，基期为 2000 年，各省份平减指数通过 2000~2021 年《中国统计年鉴》中各省份 GDP 指数计算而得。表 6-1 给出相关变量的描述性统计分析。

表 6-1　第六章变量定义与描述性统计

变量名称	变量定义	均值	标准差	最小值	最大值
被解释变量					
Gap	地区间差异指数	7.0581	1.3861	−0.1898	10.4432
核心解释变量					
Mono	城市群中心性	0.2438	0.3380	−0.8187	0.9497
控制变量					
Fiscal	地方政府财政能力	0.1327	0.0652	0.0211	0.6751
Open	城市对外开放水平	0.3282	0.3269	0.0000	2.4290
Industry	城市产业结构	1.3459	0.6762	0.1887	10.5529
Edu	城市人力资本水平	0.2793	0.3197	0.0001	1.9147
Capital	城市物质资本投入	0.5607	0.2821	0.0565	3.1151

第三节　基准回归及稳健性检验

一、基准回归分析

在面板固定效应模型和随机效应模型的选择上，可基于 Hausman 检验予以判断。在这里，Hausman 检验结果显著地拒绝了采用随机效应模型的原假设，因而本节采用固定效应模型展开实证分析。基准回归中固定了城市效应和时间效应，并将解释变量分别滞后一期、二期和三期，以减轻同期互为因果关系的内生性影响。估计结果如表 6-2 所示。

从表 6-2 中可以看出，在加入控制变量前后，抑或选择不同的滞后期，中心性指数的回归系数均显著为正，表明城市群的单中心化发展会显著加剧区域差异，多中心程度的提高可以有效缓解区域差异的扩大。在统计学意义上，中心性指数每降低 10%，区域差异将降低 2.8% ~ 5.1%。这意味着单中心空间结构中，区域差异趋于扩大；而在多中心空间结构中，小城市的居民收入表现出与大城市相近的特征，区域差异趋于缩小。原因可能是，城市群的网络化发展使集聚经济突破了地域限制，单一城市的集聚外部性逐渐转变为跨区域的网络外部性，小城市的居民收入得以快速增长，由此多中心结构有助于缩小区域差异。此结论验证了本书的假说2。

表6-2　城市群中心性对地区间区域差异的影响：基准回归

变量	(1) 滞后一期		(2) 滞后两期		(3) 滞后三期	
Mono	0.3733 **	0.5097 ***	0.2833 *	0.4473 ***	0.3815 *	0.4825 ***
	(0.2531)	(0.2639)	(0.2595)	(0.2586)	(0.2794)	(0.2608)
Edu		−0.1599 *		−0.2132 **		−0.1431 *
		(0.1094)		(0.1156)		(0.1159)
Industry		0.3880 ***		0.3613 ***		0.2699 ***
		(0.1639)		(0.1636)		(0.1655)
Captical		0.4514 ***		0.3745 ***		0.1712 *
		(0.1464)		(0.1641)		(0.1717)
Fiscal		0.3374		0.0708		0.5012
		(0.8247)		(0.9295)		(1.0802)
Open		−0.6042 ***		−0.7457 ***		−0.8196 ***
		(0.2668)		(0.2486)		(0.2366)
常数项	3.5750	1.5072	4.4673	2.2534	3.5796	2.2188
	(2.3946)	(2.5433)	(2.4577)	(2.4829)	(2.6479)	(2.4970)
城市效应	Yes	Yes	Yes	Yes	Yes	Yes
年份效应	Yes	Yes	Yes	Yes	Yes	Yes
R^2	0.7227	0.7302	0.7315	0.7397	0.7397	0.7515
样本量	3280	2860	3116	2846	2952	2815

注：*、** 和 *** 分别表示通过10%、5%和1%的显著性检验，系数下面括号内的数值为聚类到城市层面的稳健性标准误。

对控制变量的系数和符号解释如下：①地方政府财政能力（Fiscal）的系数为正，但不显著。可能的原因是，政府财政能力对地区间差异指数的影响受到其他因素的制约，如市场一体化水平的影响，市场一体化程度的差异对地区差距的影响具有显著差异（范剑勇，2004）。②城市对外开放（Open）的系数显著为负，意味着对外开放程度的提高有助于缩小区域差异。这一结果与预期一致，即经济开放有助于为起步较低的中小城市提供发展所需的资金和技术支持，从而促进收入水平提升，缩小区域差异。③城市产业结构（*Industry*）的系数显著为正，表明城市第二产业占比越高，越不利于缩小区域差异。可见，产业结构的转型升级可以通过"涓滴效应"促进地区经济均衡发展（Hirschman，1958）。④城市人力资本水平（*Edu*）的系数显著为负，表明人力资本带来的知识溢出效应能使不同地区、不同劳动技能人员均能从城市"人力资本外部性"中受益（陆铭，2017），且小城市及其居民获益更多，由此缩小区域差异。⑤城市物质资本投入（*Capital*）的系数显著为正，表明物质资本投入的提高会扩大区域差异。可能的原因是，固定资产投资通常集中于少数大城市，这种投资偏向和政策偏向会扩大区域差异（李松林，2018）。

二、稳健性检验

基准回归中考虑了不同控制变量和解释变量的不同滞后期，结果验证了多中心空间结构具有缩小区域差异的积极效应。为了增强估计结果的可靠性，以下采用不同测算方法对核心解释变量和被解释变量进行重新测度，以避免单一测算方法可能引起的偏差。

其一，对被解释变量——地区间差异指数进行重新测度。以各个城市与城市群内收入最高城市的离差对数作为地区间差异指数的代理变量，重新进行估计（见表6-3列（1））。代理指标的具体公式为：

$$Gap_{im} = \ln(\,|\,R_{im} - R_{max}\,|\,) \qquad\qquad (6\text{-}2)$$

式（6-2）中，R_{max} 为城市群中收入最高的城市对应的平均收入，R_{im} 含义不变。

其二，区域差异有绝对差异和相对差异之分，基准回归中是对绝对差异的分析。这里采用人均可支配收入的基尼系数来测算相对差异，并作为地区间差异指数的代理变量重新进行估计（见表6-3列（2））。

其三，对核心解释变量——中心性指数进行重新测度。利用夜间灯光数据测算了城市群的基尼系数和赫芬达尔指数，作为城市群中心性指数（*Mono*）的代理变量，重新进行估计（见表6-3列（3）和列（4））。表6-3报告了基于以上考虑的稳健性检验结果。

如表6-3结果所示，在更换关键变量的测算方法后，核心解释变量（*Mono*）的系数仍显著为正，与基准回归结果相比无实质性变化，验证了多中心城市群空间结构有助于缩小区域差异这一结论的稳健性，佐证了本书假说2。

表6-3　城市群中心性对区域差异的影响：稳健性检验

变量	（1）	（2）	（3）	（4）
Mono	0.6361 *** (0.1949)	0.6891 *** (0.1976)		
Mono-Gini			0.3446 *** (0.1978)	
Mono-HHI				0.1019 *** (0.0655)
控制变量	Yes	Yes	Yes	Yes
城市/年份效应	Yes	Yes	Yes	Yes
R^2	0.7508	0.7951	0.7940	0.7614
样本量	2815	2668	2691	2815

注：*、**和***分别表示通过10%、5%和1%的显著性检验，系数下面括号内的数值为聚类到城市层面的稳健性标准误。

三、内生性检验

基准回归和稳健性检验中均将解释变量滞后三期，以期减少同期互为因果的影响。考虑到仅使用空间结构的滞后期，仍有可能存在内生性问题。为了准确识别空间结构与区域差异之间的因果关系，这里引入外部工具变量以尽可能降低内生性影响。对于外部工具变量的选取，主要从历史工具变量和地理工具变量两个方面考虑。关于历史工具变量，选用1982年的城市人口规模分布与1982~2000年城市人口增长率的乘积作为中心性指数的工具变量。城市人口规模变化具有累积性和持久性，特别是中国城市规模近乎遵循平行增长的模式（陆铭、向宽虎、陈钊，2011）。1982年已经形成规模的大城市具有更好的发展基础，以其为核心形成的城市群更容易演化为多中心结构。而且，40多年前的城市规模分布对现阶段的城市居民收入水平及差距不太可能产生直接影响。关于地理工具变量，选择城市地形起伏度来构造外部地理工具变量。之所以选择地理工具变量，主要是考虑到城市的自然地理特征具有很强的外生性，几乎不受到经济活动的影响，但可以很好地解释人口增长和人口规模的空间分布（Davis and Weinstein，2002）。封志明、唐焰、杨艳昭等（2007）研究发现，中国区域地形起伏度与地区人口分布有显著影响，起伏度越高的地区，人口密度越小。本节借鉴这一思路，基于国家基础地理信息中心提供的1：100万数字高程模型数据，提取了基于栅格尺度（10km×10km）的地形起伏度数据。考虑到地形起伏度不随时间变化，借鉴刘修岩、李松林、秦蒙（2017）的做法，选择汇率作为宏观尺度上的外生冲击，将城市群地形起伏度的标准差与汇率的乘积作为中心性指数的地理工具变量。

表6-4　城市群中心性对区域差异的影响：2SLS 回归

变量	2SLS
Mono−2SLS	4. 5377 ***
	（1. 5573）
控制变量	Yes
城市/年份效应	Yes
R^2	0. 1631
样本量	2688
第一阶段 F 统计量	16. 43
LM test	29. 319
Cragg-Donald Wald F	23. 707
Sargan Test	P = 0. 9690

注：＊、＊＊和＊＊＊分别表示通过10%、5%和1%的显著性检验，系数下面括号内的数值为聚类到城市层面的稳健性标准误。

表6-4 报告了两阶段最小二乘法（2SLS）的估计结果。在采用工具变量识别城市群中心性对地区间差异指数的因果关系后发现，中心性指数仍显著为正。这表明在考虑内生性问题后，本章的结论依然成立，即多中心城市群空间结构具有缩小地区间差异指数的积极作用。与基准回归相比，中心性系数明显变大，说明在不考虑内生性影响的前提下，多中心空间结构对地区间差异指数的缩减效应可能被低估。从 2SLS 估计结果的有效性和工具变量的合理性来看，Cragg-Donald Wald 统计量均大于临界值，表明不存在弱工具变量问题。Sargan 检验无法拒绝"所有工具变量均有效"的原假设，表明不存在过度识别问题，验证了所选工具

变量的合理性。第一阶段的 F 检验值大于 10，符合经验法则。内生性检验结果与基准回归结果并无实质性变化，印证了假说 2 结论的稳健性。

四、异质性检验

考虑到城市体系的异质性，为了得到更加细化的结论，本部分基于城市群发展阶段差异、城市规模差异对全样本进行分组，并基于 2SLS 估计方法来考察城市群空间结构对地区间差异指数的异质性影响。表 6-5 为异质性检验结果。

（一）基于城市群异质性的检验

根据城市群发展阶段的差异，将 20 个样本城市群分为发育程度较高的国家级城市群和快速发展中的区域性城市群两类。表 6-5 列（1）和列（2）分别报告了这两类城市群的 2SLS 估计结果。可以看出，中心性指数（*Mono*）的系数均在 1%水平下显著为正，意味着对于不同发展阶段的城市群，多中心结构有助于缩小地区间差异指数。但对比两组样本的回归系数发现，相对于国家级城市群，区域性城市群的多中心化对缩小区域差异有着更加积极、明显的影响。究其原因，可能是区域性城市群大多处于中西部地区，经济总量相对较小，如何缩小区域差异更依赖于外部环境，尤其对城市群多中心化的依赖程度更深。国家级城市群除了可以从单中心向多中心的演化过程中受益外，还可以通过知识溢出、财政转移支付等多种方式来缩小区域差异。

（二）基于城市异质性的检验

考虑到不同城市规模的差异性，以及地区间差异指数的缩小主要体现为小城市的收入水平向大城市趋同，本节根据城市人口规模，将 20 个城市群中的 164 座城市分为大城市和小城市两类，分别考察城市群空间结构对地区间差异指数的影响。关于城市规模的划分，参考国务院 2014 年印发的《国务院关于调整城市规模划分标准的通知》，将城区常住人口大于 100 万的城市划分为大城市，将城区常住人口小于 100 万的城市划分为小城市①。

表 6-5 列（3）和列（4）的估计结果显示，对于不同规模的城市，核心解

---

① 2014 年国务院印发《国务院关于调整城市规模划分标准的通知》，该通知明确以城区常住人口为统计口径来划分城市规模，按城区常住人口将城市划分为五类（城区常住人口 50 万以下的城市为小城市，50 万以上 100 万以下的城市为中等城市，100 万以上 500 万以下的城市为大城市，500 万以上 1000 万以下的城市为特大城市，1000 万以上的城市为超大城市）。在本节研究中，为研究方便，按照 100 万人口为界，将 165 个城市群城市分为大城市和小城市两类。

释变量（Mono）的系数均在1%水平下显著为正，表明区域差异随城市群中心性程度的提高，大城市和小城市与城市群中其他城市之间的区域差异均有加强，且小城市受到的影响更加明显，即单中心结构下的小城市更容易受到"集聚阴影"的负面影响。这与 Meijers 和 Burger（2017）研究结论一致。正如前文所述，单中心空间结构下，经济要素倾向于单向地流向大城市，大城市因集聚经济获得更多收入提升，邻近大城市的小城市因"借出规模"更容易受到"集聚阴影"的影响；而多中心空间结构可以更好地发挥"借用规模"效应与网络外部性，小城市能够从多中心发展中受益。

表6-5　城市群中心性对区域差异的影响：异质性检验

变量	（1）国家级城市群	（2）区域性城市群	（3）大城市	（4）小城市
Mono-2SLS	3.3433*** (1.1139)	4.8710*** (2.1923)	0.1812*** (1.0661)	2.5915*** (1.1833)
控制变量	Yes	Yes	Yes	Yes
城市/年份效应	Yes	Yes	Yes	Yes
R^2	0.3629	0.2379	0.4184	0.2834
样本量	2309	359	256	1937
第一阶段 F 统计量	32.8	10.7	11.12	17.33
LM test	48.253	13.565	16.138	37.387
Cragg-Donald Wald F	44.801	12.238	13.440	31.334
Sargan Test	P=0.7693	P=0.4672	P=0.8007	P=0.1009

注：*、**和***分别表示通过10%、5%和1%的显著性检验，系数下面括号内的数值为聚类到城市层面的稳健性标准误。

第四节　城市群空间结构影响区域差异的作用路径分析

上一节计量检验结果表明，多中心城市群空间结构能够显著缩小区域差异。但其中的具体作用机制仍停留在理论假说层面，有待提供进一步的经验证据。正如本书第三章第三节中假说所述，多中心空间结构下通过频繁、快速的要素流动和功能互补、等级有序的城市功能分工缩小区域差异。将区域差异具体到地区间差异指数这一指标上，对应地，要素流动则以劳动力流动来表征。接下来本节采用中介效应模型来检验（Baron and Kenny，1986；温忠麟、叶宝娟，2014）劳动力流动规模和城市间功能分工是多中心空间结构缩小区域差异的作用路径。

一、中介效应模型

在模型（6-1）的基础上引入中介变量，构建中介效应检验模型：

$$Med_{it} = \beta_0 + \beta_1 Mono_{m,t-1} + \beta_2 X_{c,t-1} + \eta_i + \gamma_t + \varepsilon_{it} \tag{6-3}$$

$$Gap_{it} = \gamma_0 + \gamma_1 Mono_{m,t-1} + \gamma_2 Med_{i,t-1} + \gamma_3 X_{i,t-1} + \eta_i + \gamma_t + \varepsilon_{it} \tag{6-4}$$

式（6-3）和式（6-4）中，Med_{it} 为中介变量，在此主要指劳动力流动或城市间功能分工，其余解释变量同式（6-1）。借鉴温忠麟和叶宝娟（2014）的做法，采用逐步回归法对式（6-3）和式（6-4）进行估计，并通过式（6-3）和式（6-4）中系数 β_1、γ_1 和 γ_2 的对比，来判断中介效应的显著性。

具体检验程序为：在对式（6-1）进行验证的前提下，先检验多中心化对中介变量（劳动力流动或功能分工）的影响，即得出式（6-3）中的回归系数 β_1；再检验多中心化、中介变量对地区间差异指数的影响，即得出式（6-4）中回归系数 γ_1 和 γ_2。通过式（6-3）和式（6-4）回归系数 β_1、γ_1 和 γ_2 的对比，来判断中介效应的显著性。若 β_1 和 γ_2 系数均显著，表明存在部分或者完全的中介效应（当 γ_1 显著且比基准回归系数变小表示存在部分中介效应，γ_1 不显著表示存在完全中介效应），若 β_1 和 γ_2 至少有一个不显著，需要通过其他检验（如 Sobel 检验）来进一步判断中介效应的显著性。图 6-1 展示了城市群空间结构影响区域差异的直接效应、中介效应和总效应[①]。

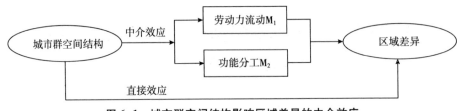

图 6-1　城市群空间结构影响区域差异的中介效应

---

① 总效应为直接效应和中介效应之和。

二、中介变量

（一）劳动力流动

频繁快速的劳动力流动是多中心空间结构缩小区域差异的关键途径之一。引力模型常用于研究经济社会中的空间相互作用，是测度劳动力流动的常用方法。白俊红、王钺、蒋伏心等（2017）指出，工资和房价是吸引劳动力流动的关键变量。据此，这里将地区间工资差额和房价差额作为地区间劳动力流动的吸引力变量，采用工资和房价双对数引力模型测算城市之间的劳动力流动规模，并构建城市双对数引力模型：

$$flow_{ijt} = \ln L_{it} \times \ln(wage_{it} - wage_{jt}) \times \ln(price_{jt} - price_{it}) \times D_{ij}^{-2} \qquad (6-5)$$

式（6-5）中，$flow_{ijt}$ 以城市群为边界，表示 t 时期城市 j 流动到城市 i 的劳动力规模，即城市 i 对城市 j 的劳动力吸引力；L_{it} 表示城市 i 的单位就业人数；$wage_{it}$ 和 $price_{it}$ 分别为城市 i 的平均工资水平和商品房平均销售价格；D_{ij} 表示城市 i 和城市 j 之间的地理距离。当城市 i 比城市 j 拥有更高的工资水平或更低的房价水平，那么劳动力在"效用最大化"的驱使下会流向城市 i。城镇单位就业人员和平均工资水平数据来源于 2000~2021 年《中国城市统计年鉴》，商品房平均销售价格数据来自"国家信息中心国信房地产信息网"，城市之间的地理距离根据国家地理信息中心发布的中国基础地理信息地图数据测量而得。

基于式（6-5），在 t 年城市群中城市 i 的劳动力流动总规模为：

$$Flow_{it} = \sum_{j=1}^{N} flow_{ijt} \qquad (6-6)$$

（二）城市间功能分工

理论分析认为，多中心空间结构还可通过城市间功能分工这一途径缩小区域差异。关于城市间功能分工的度量，Duranton 和 Puga（2005）采用"城市的企业管理人员/生产人员"与"全国的企业管理人员/生产人员"之差来度量不同城市功能专业化程度。齐讴歌和赵勇（2014）在此基础上进行了拓展，以城市群中心城市"生产性服务业从业人数/制造业从业人数"与外围城市"生产性服务业从业人数/制造业从业人数"的比来测度城市群功能分工程度。本节借鉴齐讴歌和赵勇（2014）的方法对城市群中城市之间的功能分工程度进行测算。具体公式为：

$$FD_i(t) = \frac{\sum_{k=1}^{N} L_{cks}(t) \Big/ \sum_{k=1}^{N} L_{ckm}(t)}{\sum_{k=1}^{N} L_{pks}(t) \Big/ \sum_{k=1}^{N} L_{pkm}(t)} \tag{6-7}$$

式（6-7）中，$\sum_{k=1}^{N} L_{cks}(t)$、$\sum_{k=1}^{N} L_{ckm}(t)$ 分别表示中心城市 c 在 t 时期生产性服务业和制造业的平均从业人员，$\sum_{k=1}^{N} L_{pks}(t)$、$\sum_{k=1}^{N} L_{pkm}(t)$ 分别表示外围城市 p 在 t 时期生产性服务业和制造业的平均从业人员。借鉴 Duranton 和 Puga（2005）、齐讴歌和赵勇（2014）的方法，将交通运输、仓储和邮政业，信息传输、计算机服务和软件业，金融业，房地产业，租赁和商务服务业，科学研究、技术服务和地质勘查业 6 个行业划为生产性服务业，将采矿业，制造业，电力、燃气及水的生产和供应业，建筑业 4 个行业界定为制造业。式（6-7）中的相关指标采用历年的《中国城市统计年鉴》中的细分行业的从业人员数据。当 $FD_i(t)$ 越大，表明城市群中城市间功能分工程度越高。

三、中介效应检验结果

在表 6-6 的中介效应检验结果中，列（1）和列（2）报告了"多中心化→劳动力流动→区域差异"这一作用路径的中介效应检验结果。可以看出，列（1）的中心性指数 Mono 对劳动力流动 Flow 的影响显著为负，表明城市群单中心化显著降低了劳动力流动规模，多中心化发展有利于扩大劳动力流动规模。列（2）在加入劳动力流动的中介变量 Flow 后，中心性 Mono 的系数为 0.3092，显著低于表 6-2 中基准回归结果的系数 0.4825，且劳动力流动 Flow 的系数显著为负，表明劳动力流动是城市群空间结构影响地区间差异指数的中介因子，城市群多中心化可以通过扩大劳动力流动规模来缩小区域差异。

表 6-6 列（3）和列（4）报告了"多中心化→功能分工→区域差异"的中介效应检验结果。其中，列（3）中心性指数 Mono 对功能分工 FD 的影响显著为负，表明单中心结构弱化了城市群的功能分工。列（4）在加入功能分工 FD 后，中心性指数 Mono 的估计系数为正且有下降，同时功能分工 FD 的系数显著为负，表明功能分工的中介效应显著，即多中心化发展有利于深化城市群内不同城市间的功能分工，进而缩小了区域差异。

中介效应检验结果证实，在城市群空间结构对区域差异的影响中，劳动力流动规模和城市间功能分工程度发挥了显著的中介作用，即频繁、快速的劳动力流动和功能互补的城市间功能分工是多中心结构缩小区域差异的有效路径。由此，本书假说 3 得到验证。

表 6-6　城市群中心性对区域差异的中介效应检验

变量	（1） Flow	（2） Gap	（3） FD	（4） Gap
Mono	−0.1073 *** （0.0229）	0.3092 ** （0.2551）	−0.6422 *** （0.2422）	0.4266 *** （0.2613）
Flow		−1.0214 ** （0.5552）		
FD				−0.1649 *** （0.0995）
控制变量	Yes	Yes	Yes	Yes
城市/年份效应	Yes	Yes	Yes	Yes
R²	0.9866	0.7516	0.8066	0.7557
样本量	2815	2815	2358	2358

注：*、** 和 *** 分别表示通过 10%、5% 和 1% 的显著性检验，系数下面括号内的数值为聚类到城市层面的稳健性标准误。

基于表 6-6 中的估计系数，可以计算出城市群中心性指数对区域差异的直接效应（γ_1）、间接效应（$\beta\gamma_2$）和总效应（$\beta\gamma_2+\gamma_1$）。表 6-7 报告了中介效应的分解情况。通过比较分析可以发现，在两个中介变量中，劳动力流动的中介效应较强，中介效应占比最高（26.17%）。这意味着在缩小区域差异的两条路径中，劳动力流动发挥了相对更强的中介作用。

表 6-7　中介效应分解

解释变量	中介变量	直接效应	中介效应	总效用	中介效应比例（%）
Mono	Flow	0.3092	0.1096	0.4188	26.17
	FD	0.4266	0.0397	0.4663	8.51

以上中介效应检验证实，多中心空间结构之所以具有缩小区域差异的积极效应，主要通过扩大劳动力流动规模和深化城市间功能分工这两种途径发挥了正面作用。因此，在推进多中心战略的过程中，应重视劳动力流动和城市间功能分工的中介作用。首先，各级政府在政策制定上要努力消除影响人口流动的障碍，打破各种限制劳动力流动的制度障碍和机制束缚，重视中小城市的基础设施配套和经济资源配置，鼓励劳动力多向、频繁地流动，为实现共同富裕提供良好的空间条件。其次，多中心结构下，功能互补、错位发展的城市间产业分工格局，可以有效缓解过度集聚造成的"拥挤效应"和"虹吸效应"，且有利于缓解城市间同质化竞争或割裂化竞争，促进区域差异缩小。

第五节　本章小结

共同富裕是中国特色社会主义的奋斗目标和根本原则，缩小区域差异是实现共同富裕的重要体现。城市群作为城市发展到高级阶段的空间组织形式，深刻地影响着国家经济发展，更是推进共同富裕的重要空间载体。本章运用夜间灯光数据，探讨了城市群空间结构对区域差异的影响及其中的作用机制。本章主要结论是：

（1）城市群多中心发展模式具有缩小区域差异的积极效应。相比单中心模式，城市群多中心化具有缩小区域差异的积极效应。经验研究证实，在统计学意义上，中心性指数每降低10%，地区间差异指数降低2.8%～5.1%。不同量化指标和估计方法均证实了结果的稳健性。这意味着，在多中心结构下，小城市的居民收入表现出与大城市趋同的特征，城市群多中心化对缩小区域差异可以起到积极作用。因此，政策实践中应重视多中心空间发展策略的积极意义，各级政府应积极引导多中心城市网络的形成，为实现共同富裕创造有利的空间发展环境。

（2）多中心空间结构对区域差异的缩减效应主要通过劳动力流动和城市间功能分工等途径来实现。利用中介效应模型证实，多中心空间结构对区域差异的缩减效应主要通过扩大劳动力流动规模和深化城市间功能分工等途径来实现。其中，频繁快速的劳动力流动发挥了相对更强的中介效应。因此，在发挥多中心空间发展策略的积极作用的同时，应努力促进劳动力的自由流动、深化城市间功能分工，从而为缩小区域差异、推进共同富裕创造有利的发展环境。鉴于已有文献中关于空间结构如何影响区域差异的实证分析较少，多中心空间结构实现共同富裕的作用路径处于"黑箱"状态，本章尝试打开这一黑匣子，为城市群共同富裕的实现路径提供理论支撑。

第七章 研究结论、政策启示与未来展望

第一节 研究结论

中国城市群发展面临来自社会、环境、地理等诸多挑战，空间结构的演化，尤其是多中心战略常被寄予厚望。然而，在理论研究中，关于"何种形式的空间结构能够兼顾经济效率提升与区域差异缩小"这一问题的回答并不明朗。中国城市群正面临空间结构重构的关键窗口期，能否通过空间结构的演化寻找区域协调发展的路径，实现效率提升和差异缩小的双赢？基于对以上问题的思考，本书选取中国 20 个城市群为研究对象，以中心性维度反映空间结构，从经济效率和区域差异两个方面分析了城市群空间结构的经济效应。主要结论是：

（1）中国城市群多中心化趋势明显。与非城市群地区相比，中国城市群地区具有强大的人口吸引力、更高的经济效率和更快的经济增速。城市群与非城市群地区这种差异化的特征，凸显了城市群在全国经济发展格局中起到增长极点、战略支撑点的突出作用。本书基于全球夜间灯光数据和中国城市经济统计数据，对城市群空间结构的演变趋势进行分析，发现中国城市群空间结构具有相对稳定性，同时也呈现普遍明显的多中心化趋势，即"黏性"与"多中心化"并存。其中，发育程度较高的国家级城市群的多中心程度要显著高于经济体量较小的区域性城市群，东部城市群的多中心程度要明显高于其他中西部城市群。

（2）中国城市群实现了"公平的增长"。本书选择以企业全要素生产率表征经济效率，以地区间差异指数表征区域差异，考察了中国城市群的经济效率和区域差异的基本事实，证实经济效率提升和区域差异收敛的现象在中国城市群并存，这一事实打破了对效率与公平不可兼顾的认识，意味着中国城市群实现了"公平的增长"。从经济效率来看，中国制造业企业全要素生产率在考察期内呈现逐年递增趋势，且东部城市群和多中心城市群的企业全要素生产率水平相对较高，具有显著的生产率优势。从区域差异角度来看，中国城市群的区域差异具有显著的、全域性的收敛态势，促成这一收敛事实成立的主导力量，更多源于国家级城市群和多中心结构的城市群，这一结果与现阶段我国"发达"城市群与"欠发达"城市群共存的现象是吻合的。基于对城市群空间结构、经济效率和区域差异的观察，可以发现，中国城市群在趋于多中心演化的同时，也实现了"公平的增长"。

（3）多中心城市群空间结构有利于提升企业全要素生产率，但两者关系受到中心城市规模异质性的影响。本书构建了一个概念模型，从城市群空间结构演变背后的逻辑出发，揭示了中心城市规模异质性对最优空间治理模式的影响。经验研究表明，在平均意义上，多中心城市群空间结构有利于促进企业全要素生产率提升，跨区域的网络外部性是多中心发展模式提升企业全要素生产率的重要机制。概念模型阐述了城市群空间结构对经济效率的影响随中心城市规模的变化而变化。门槛效应检验对此进行证实，表明中心城市规模异质性是空间结构影响企业全要素生产率的重要门槛变量。随着中心城市规模的变化，最有利于企业全要素生产率提升的城市群空间结构，从单中心模式走向多中心模式，即当中心城市规模较小时，强调要素集聚的单中心发展模式是一种相对最优的空间治理模式；当中心城市规模超过门槛值以后，适度疏解中心城市规模，及时形成错落有致的多中心化结构，更有助于企业全要素生产率的提升。这一结论有助于理解当前城市群并行存在两种不同的空间策略。现阶段，中国各个城市群之所以选择不同的空间治理模式，正是根据中心城市承载力和城市群自身所处的发育阶段所作出的理性选择。

（4）多中心城市群空间结构有利于缩小区域差异，这一积极影响主要通过扩大劳动力流动规模和深化城市间功能分工来实现。本书构建理论假说，从经济学机制上阐述了城市群空间结构影响区域差异的作用机制。经验研究证实，城市群的多中心发展模式具有缩小区域差异的积极效应。在多中心城市群中，小城市居民的收入表现出与大城市趋同的特征。中介效应检验证实，城市群多中心化对区域差异的缩减效应主要通过扩大劳动力流动规模和深化城市间功能分工等途径来实现。其中，频繁快速的劳动力流动发挥了相对更强的中介效应。因此，加快劳动力流动、深化城市间功能分工和互补是多中心空间结构缩小区域差异的有效路径。

（5）城市群多中心化发展可兼顾经济效率提升和区域差异缩小。本书研究证实，从寻求普遍规律的统计学意义来看，城市群的多中心发展具有提升经济效率和缩小区域差异的双重积极作用，在一定程度上可缓解空间效率和空间公平之间对立的关系。经济效率提升与区域差异缩小也是区域协调发展的目标所在，故本书结论也为区域协调发展提供切实有效的政策路径。尽管如此，多中心空间结构实现区域共赢是有一定的门槛条件和具体的作用路径。其一，若中心城市规模尚未超过最优规模时，单中心结构更有利于经济效率提升，即多中心结构提升经济效率的积极影响，需要在中心城市规模达到门槛值以后方可实现。其二，多中心结构主要通过扩大要素流动规模和深化城市间功能分工等路径来缩小区域差异，即多中心结构缩减区域差异的积极效应并非自然发生，而是依托于具体的作用路径来实现。因此，并不存在一种绝对最优的空间战略，能够整齐划一地运用于任何阶段下的所有城市群。

第二节　政策启示

本书基于对中国城市群空间结构演变的观察，从经济效率和区域差异两个方面解释了城市群空间结构的经济效应。就经济效率而言，多中心城市群空间结构具有提升企业全要素生产率的积极效应，但中心城市规模异质性是影响空间结构经济效率提升效应的重要门槛变量。就区域差异而言，多中心城市群空间结构具有缩减区域差异的积极效应，且劳动力流动和城市间功能分工是空间结构区域差异收敛效应的作用途径。本书的研究结论对当前城市群空间治理模式和区域协调发展政策有以下启示：

（1）应重视多中心发展模式对城市群空间治理的积极意义。本书的核心观点之一是，城市群的多中心化具有提升经济效率和缩小区域差异的双重积极效应。正因如此，多中心发展模式对城市群空间治理的积极作用值得高度关注。面向未来，随着城市体系的不断完善，在城市群普遍趋于多中心化的背景下，应着重发挥多中心空间发展模式的积极作用。

具体来看，在城市群层面，应积极引导多中心城市网络的形成，加强城市群的多中心发展规划，建立跨行政区域的管理体系。各级地方政府应积极打造面向未来、更合理有序的多中心城市网络体系，同时加快打造互联互通的基础设施，降低城际运输成本、沟通成本，为多中心发展模式提供明确的制度支持，以此城市群实现区域协调发展创造有利的"空间"环境。对中心城市而言，在强调城市群内部多中心化的同时，不应以牺牲中心城市经济发展为代价。尤其城市间功能分工是多中心发展模式下缩小区域差异的重要机制之一，这就需要巩固中心城市的龙头地位，进一步强化中心城市的辐射能力，以带动周边城市梯度式发展。对中小城市而言，应寻找自身的比较优势，积极融入多中心结构的城市体系中，及时将自身的比较优势与城市群的内部需求进行对接，更好地承接中心城市的产业转移。

（2）在构建多中心城市网络过程中，应重视要素流动和城市间功能分工的中介作用。多中心空间结构之所以能够实现区域共赢，是有具体的作用路径的，并非自然发生。本书的研究证实，要素流动规模和城市间功能分工是城市群空间结构影响区域差异的作用路径。因此，在构建多中心城市网络过程中，应充分发挥这些因素的中介作用。

一方面，要素流动是城市群发展演化的重要机制，也是空间结构影响区域差异的重要途径之一。在城市群趋于多中心化的背景下，加快要素流动、扩大要素流动规模是缩小区域差异的必要路径。以劳动力流动为例，首先，在户籍制度依然存在的前提下，加强交通、通信等基础设施的建设，促进城市间互联互通，是促进劳动力流动的有效途径。其次，各级政府应努力消除劳动力流动的障碍或壁垒。例如，通过户籍制度改革和公共服务均等化等措施，打破限制劳动力流动的制度障碍和机制束缚；又如，可为中小城市提供更完善的医疗、住房、教育等公共服务供给，配套更完善的基础设施和经济资源，平衡中心城市和中小城市的生活成本—收益比。这些民生性支出使中小城市的居民获得更多的幸福感，可有效促进劳动力多向、频繁地流动。

另一方面，城市间功能分工也是空间结构影响区域差异的作用路径之一。在构建多中心城市网络过程中，应进一步深化城市群内各城市之间的功能分工，积极打造功能互补、错位发展的产业分工格局，避免城市之间的同质化竞争。这也是城市群一体化高质量发展的题中应有之义。同时，在推进城市群功能分工的过程中，也要构建跨区域合作平台，特别是应解决各地方政府激励不相容的问题，即合作动力不足的问题。在当前区域治理结构没有发生根本性变革的情况下，从中央政府层面进行协调，是城市群形成合理分工和有效合作的一种相对有效的方式。

（3）在推进区域协调发展的过程中，不能盲目实施多中心化战略。本书研究证实，在统计学意义上，多中心空间结构具有提升经济效率与缩小区域差异的双重积极意义，但是，这一影响是有一定的门槛条件和具体的作用路径。一方面，只有当中心城市规模超过最优规模以后，多中心结构可具有提升经济效率的积极效应；另一方面，在要素流动和城市间功能分工的作用机制下，多中心结构方可缩小区域差异。因此，多中心结构并不是一种绝对最优的空间模式选择，不能"一刀切"地、盲目地将多中心战略应用于任何发展阶段的城市群。事实上，无论是单中心空间结构，还是多中心空间结构，都能够为兼顾效率与公平的区域协调发展目标创造有利的外部条件。政府在实施空间治理策略时，应警惕多中心战略带来的潜在风险，不仅应认识到中心城市规模异质性的门槛效应，也应认识到要素流动和功能分工的中介作用。在顶层设计中，应根据城市群所处的阶段特征，因地制宜地实施有差别的城市群空间治理战略，支持相对最优的空间发展模式。

具体来讲，对于已经呈现明显多中心化趋势的城市群，或是发育程度较高的部分国家级城市群，如长三角城市群等地来说，在城市群层面，应充分发挥多中心发展模式的积极作用，积极引导其发展多中心城市网络，通过提高次级节点城市的集聚水平、调整优化区域金融政策、不断解绑户籍制度等方式，实现"时空修复"。同时应进一步发挥要素流动和城市间功能分工的中介作用，积极提升城市群经济效应。在中心城市层面，这部分城市群的中心城市规模大多已经超过门槛值，应合理疏解中心城市的非核心功能，有效引导人口和产业顺次转移，缓解因规模过大带来的集聚负外部性以及与周边中小城市长期存在的市场分割，以此实现共同发展。值得注意的是，不同尺度上的空间结构选择并无冲突，如城市群尺度上的单中心战略与单个城市的多中心战略在空间上可以并行。

对于单中心结构特征较为显著的城市群，如京津冀城市群等地来说，不可生搬硬套多中心城市群的做法，而是要在着重发展经济、提升经济效率、缩小区域差异的基础上，因地制宜地采取适当措施，逐步过渡到多中心空间结构。一方面，要积极鼓励城市之间的要素流动，努力构建"中心—次中心—微中心"的城市功能分工体系，加快次中心、微中心城市的经济发展，及早为多中心空间结构的形成筑牢基础。另一方面，对于"虹吸效应"造成的单向要素流动可能带来的负面影响，如地区间差距加剧等问题，要更好地发挥政府"分配蛋糕"的调节作用。譬如，通过构建跨区域生态补偿机制，对周边城市因要素外流引起的地区差距扩大进行调节性补偿。

对于发育程度较低的部分中西部城市群或是区域性城市群，中心城市规模并未达到门槛值，集聚能力还有待进一步提高，强调要素空间集聚的单中心发展模式更符合现阶段城市群发展的需要。因此，应积极鼓励这部分城市群实施单中心发展战略，加强中心城市的集聚力，进一步扩大中心城市的经济辐射范围，逐步形成以点带面的发展格局。

（4）对区域协调发展和共同富裕应有正确的价值认识。区域协调发展已经成为区域经济发展的共识，共同富裕是中国特色社会主义的奋斗目标和根本原则，两者之间有必然的联系，即区域协调发展是扎实推进共同富裕的必由之路，也是实现共同富裕的必然要求。本书选择以经济效率和区域差异视角来分析空间结构的经济效应，与区域协调发展目标——"发展"和"协调"相对应，也与共同富裕的核心要义——效率与公平相吻合。因此，经济效率和区域协调缺一不可。在促进区域协调发展和实现共同富裕过程中，既重视做大做强经济"蛋糕"的发展问题，也重视"共享蛋糕"的均衡性问题。

但是，应对区域协调发展和共同富裕有正确的价值认识，区域协调发展和共同富裕是未来很长一段时间内的一种相对状态，这种相对状态在不同的历史时期、不同的空间参照下有不同的发展含义。但在任何阶段，区域差异并不是越小越好，区域均衡发展也不等同于"区域均等化发展"，共同富裕更不要求"同时富裕""同等富裕"。本书所强调的区域差异的缩小并不意味着不允许区域差异的存在，尤其是区域差异的缩小同样也不代表地区间发展绝对均等化。区域均衡发展和共同富裕应该是在适度差距中寻找均衡，以更公平和高效的方式促进经济协调发展。因此，要对区域协调发展和共同富裕的长期性、艰巨性、复杂性作出充分估计，在城市群发展政策的制定过程中，应注重梯度化、允许差异化，因地制宜地探索实现区域协调发展和共同富裕的具体路径。在实践过程中，既要允许经济发育程度较高的国家级城市群先行先试、积累经验、逐步推开，也应鼓励相关政策适度向经济基础薄弱的区域性城市群、中西部城市群、单中心城市群适度倾斜，排除对区域协调发展、共同富裕的一些认识误区，推动空间均衡发展。

第三节　未来展望

现实中的经济现象是复杂多变的，尽管经济学理论一直致力于解释现实、寻找规律，但在这一过程中总有各种不足和缺陷。本书在探索中国城市群空间结构的演变规律、研究空间结构对经济效率和区域差异的影响时，也面临来自数据、方法、理论模型等诸多方面的困难和缺陷，这些不足之处也为进一步研究提供了方向。下一步，笔者计划从以下方面作出努力，以丰富城市群空间结构的经济效应这一主题的研究：

（1）关于空间结构经济效应的内涵。本书从经济效率和区域差异两个方面论述了城市群空间结构的经济效应。尽管经济效率和区域差异是经济效应的重要表征，但不能涵盖空间结构演化所产生的全部经济效应。同时，为更好地展开研究，本书将经济效率和区域差异的衡量都建立在货币化的层面上，缺少了对收入再分配的社会公平、人民幸福感的社会融合等问题的考虑，笔者将在未来研究中对这些问题进行探讨，这些问题都属于经济效应分析的范畴。

（2）关于理论模型的构建。本书在分析城市群空间结构如何影响经济效率这一问题时，提出了一个简化的概念模型作为依据，尚未将其模型化。本书研究的目的在于阐述在中心城市规模异质性的前提下，城市群空间结构对经济效率的影响。虽然概念模型可直观说明中心城市规模、城市群空间结构、经济效率之间的关系，但是数理模型的搭建能够更进一步地解释其中的影响路径。在后续研究中，笔者将进一步加强理论模型的推导和构建，拟基于最优化的视角探讨最优城市规模的存在性。同样，关于空间结构缩小区域差异的分析也存在类似的问题，本书仅基于理论假说论述了其中的作用机制，未将其模型化。下一步，笔者努力尝试利用理论建模的方法，来揭示城市群空间结构经济效应的传导路径。

（3）关于空间结构的衡量。本书对空间结构的衡量是从单中心—多中心这一维度来展开，并以中心性来衡量城市群的空间结构。事实上，对空间结构的解释还涉及紧凑和蔓延、规模和密度等不同形态，因此还可以从功能角度来测度城市群的空间结构。由于本书选取全国范围的城市群作为研究对象，大范围的"流"数据获取困难，难以从功能角度对中国城市群空间结构进行描述。下一步，对空间结构的观察和判断，可探索更全面的、更科学的量化方法。此外，也可选取京津冀、长三角等代表性城市群作为研究对象，基于城市群"流"数据的程度和方向，分析某一特定城市群空间结构演变规律，或许更有现实意义。

（4）关于数据的时效性和微观化。对于数据来源和指标选取，也有进一步拓展的空间。其一，本书以企业全要素生产率表征经济效率，但由于已公开的工业企业数据库较为陈旧，对企业全要素生产率的测量仍停留在2013年，使对企业全要素生产率的观察和后续的实证研究缺乏时效性。其二，本书以地区间差异指数表征区域差异，未将此指标微观化至个体层面。笔者尝试采用微观家庭/居民收入数据进行分析，如中国家庭收入调查数据（CHIP）、中国家庭追踪调查（CFPS）等数据库中均有家庭/居民收入数据。但这些数据库中，家庭/居民所在的城市信息尚未公布，无法对应到城市和城市群层面。缺失微观数据的研究，使本书在经验研究中未能形成与企业级数据的对应。未来，待微观数据公开城市信息后，或许会有一些更有趣的发现。

参考文献

［1］安虎森，高正伍. 经济活动空间聚集的内生机制与区域协调发展的战略选项［J］. 南京社会科学，2010（1）：22-29.

［2］安虎森，何文. 区域差距内生机制与区域协调发展总体思路［J］. 探索与争鸣，2012（7）：47-50.

［3］白俊红，王钺，蒋伏心，等. 研发要素流动、空间知识溢出与经济增长［J］. 经济研究，2017，52（7）：109-123.

［4］曹子阳，吴志峰，匡耀求，等. DMSP/OLS 夜间灯光影像中国区域的校正及应用［J］. 地球信息科学学报，2015，17（9）：1092-1102.

［5］陈建军，陈国亮. 集聚视角下的服务业发展与区位选择：一个最新研究综述［J］. 浙江大学学报（人文社会科学版），2009，39（5）：129-137.

［6］陈建军，崔春梅，陈菁菁. 集聚经济、空间连续性与企业区位选择——基于中国265个设区城市数据的实证研究［J］. 管理世界，2011（6）：63-75.

［7］陈建军，葛宝琴. 区域协调发展内生机制的理论研究——以要素流动和产业转移为基点［J］. 中国矿业大学学报（社会科学版），2008，10（4）：59-66.

［8］陈晋，卓莉，史培军，等. 基于 DMSP/OLS 数据的中国城市化过程研究——反映区域城市化水平的灯光指数的构建［J］. 遥感学报，2003（3）：168-175+241.

［9］陈立泰，张祖妞. 服务业集聚与区域经济差距：基于劳动生产率视角［J］. 科研管理，2011，32（12）：126-133.

［10］陈良文，杨开忠. 我国区域经济差异变动的原因：一个要素流动和集

聚经济的视角 [J]. 当代经济科学, 2007 (3): 35-42+124.

[11] 陈琪. 环保投入能提高企业生产率吗——基于企业创新中介效应的实证分析 [J]. 南开经济研究, 2020 (6): 80-100.

[12] 陈旭, 邱斌. 多中心结构、市场整合与经济效率 [J]. 经济学动态, 2020 (8): 70-87.

[13] 陈钊, 陆铭, 金煜. 中国人力资本和教育发展的区域差异: 对于面板数据的估算 [J]. 世界经济, 2004 (12): 25-31+77.

[14] 陈钊, 陆铭. 首位城市该多大? ——国家规模、全球化和城市化的影响 [J]. 学术月刊, 2014, 46 (5): 5-16.

[15] 程玉鸿, 苏小敏. 城市网络外部性研究述评 [J]. 地理科学进展, 2021, 40 (4): 713-720.

[16] 程真, 陈长虹, 黄成, 等. 长三角区域城市间一次污染跨界影响 [J]. 环境科学学报, 2011, 31 (4): 686-694.

[17] 戴宾. 城市群及其相关概念辨析 [J]. 财经科学, 2004 (6): 101-103.

[18] 丁从明, 梁甄桥, 常乐. 城市规模分布与区域经济增长——来自中国的证据 [J]. 世界经济文汇, 2015 (5): 91-117.

[19] 丁如曦, 刘梅, 李东坤. 多中心城市网络的区域经济协调发展驱动效应——以长江经济带为例 [J]. 统计研究, 2020, 37 (11): 93-105.

[20] 杜海波, 魏伟, 张学渊, 等. 黄河流域能源消费碳排放时空格局演变及影响因素——基于 DMSP/OLS 与 NPP/VIIRS 夜间灯光数据 [J]. 地理研究, 2021, 40 (7): 2051-2065.

[21] 杜能. 孤立国同农业和国民经济的关系 [M]. 吴衡康, 译. 北京: 商务印书馆, 1986.

[22] 杜群阳, 俞航东. 中国多维城市空间结构与地区收入差距 [J]. 地理科学, 2020, 40 (5): 720-729.

[23] 段娟, 文余源. 特大城市群污染密集型产业转移与决定因素——以京津冀为例 [J]. 西南民族大学学报 (人文社科版), 2018, 39 (2): 127-136.

[24] 范恒山, 肖金成, 方创琳, 等. 城市群发展: 新特点新思路新方向 [J]. 区域经济评论, 2017 (5): 1-25.

[25] 范剑勇, 冯猛, 李方文. 产业集聚与企业全要素生产率 [J]. 世界经

济，2014，37（5）：51-73.

[26] 范剑勇，谢强强. 地区间产业分布的本地市场效应及其对区域协调发展的启示 [J]. 经济研究，2010，45（4）：107-119+133.

[27] 范剑勇. 产业结构失衡、空间集聚与中国地区差距变化 [J]. 上海经济研究，2008（2）：3-13.

[28] 范剑勇. 市场一体化、地区专业化与产业集聚趋势——兼谈对地区差距的影响 [J]. 中国社会科学，2004（6）：39-51+204-205.

[29] 方创琳，宋吉涛，张蔷，等. 中国城市群结构体系的组成与空间分异格局 [J]. 地理学报，2005（5）：827-840.

[30] 方创琳. 2010 中国城市群发展报告 [M]. 北京：科学出版社，2011.

[31] 方创琳. 中国城市群研究取得的重要进展与未来发展方向 [J]. 地理学报，2014，69（8）：1130-1144.

[32] 封志明，唐焰，杨艳昭，等. 中国地形起伏度及其与人口分布的相关性 [J]. 地理学报，2007（10）：1073-1082.

[33] 高培勇. 促进共同富裕要力求效率与公平的统一 [N]. 人民政协报，2022-03-08（25）.

[34] 顾朝林，于涛方，陈金永. 大都市伸展区：全球化时代中国大都市地区发展新特征 [J]. 规划师，2002（2）：16-20.

[35] 顾朝林. 城市群研究进展与展望 [J]. 地理研究，2011，30（5）：771-784.

[36] 郭琳，吴玉鸣，吴青山，等. 多中心空间结构对小城市经济效率的影响及作用机制——基于长三角城市群的经验分析 [J]. 城市问题，2021（1）：28-37.

[37] 国家发改委国地所课题组. 我国城市群的发展阶段与十大城市群的功能定位 [J]. 改革，2009（9）：5-23.

[38] 洪世键，张京祥. 城市蔓延机理与治理——基于经济与制度的分析 [M]. 南京：东南大学出版社，2012.

[39] 侯韵，孙铁山. 中国城市群空间结构的经济绩效——基于面板数据的实证分析 [J]. 经济问题探索，2016（2）：80-88.

[40] 胡鞍钢，程文银，鄢一龙. 中国社会主要矛盾转化与供给侧结构性改

革［J］．南京大学学报（哲学·人文科学·社会科学），2018，55（1）：5-16+157.

［41］霍华德．明日的田园城市［M］．金经元，译．北京：商务印书馆，2000.

［42］江曼琦，席强敏．中国主要城市化地区测度——基于人口聚集视角［J］．中国社会科学，2015（8）：26-46+204-205.

［43］江曼琦．对城市群及其相关概念的重新认识［J］．城市发展研究，2013，20（5）：30-35.

［44］金相郁，段浩．人力资本与中国区域经济发展的关系——面板数据分析［J］．上海经济研究，2007（10）：22-30.

［45］克里斯塔勒．德国南部中心地原理［M］．常正文，王兴中，等译．北京：商务印书馆，2010.

［46］李博雅．长三角城市群空间结构演化与溢出效应研究［J］．宏观经济研究，2020（5）：68-81.

［47］李光泗，徐翔．技术引进与地区经济收敛［J］．经济学（季刊），2008（3）：983-996.

［48］李佳洺，张文忠，孙铁山，等．中国城市群集聚特征与经济绩效［J］．地理学报，2014，69（4）：474-484.

［49］李培鑫，张学良．城市群集聚空间外部性与劳动力工资溢价［J］．管理世界，2021，37（11）：121-136+183+9.

［50］李实．共同富裕的目标和实现路径选择［J］．经济研究，2021，56（11）：4-13.

［51］李松林．中国城市规模分布的格局及形成机制研究［D］．东南大学博士学位论文，2018.

［52］李琬．中国市域空间结构的绩效分析：单中心和多中心的视角［D］．华东师范大学博士学位论文，2018.

［53］梁琦．分工、集聚与增长［M］．北京：商务印书馆，2009.

［54］林毅夫，刘培林．中国的经济发展战略与地区收入差距［J］．经济研究，2003（3）：19-25+89.

［55］刘秉镰，边杨，周密，等．中国区域经济发展70年回顾及未来展望

[J]. 中国工业经济, 2019（9）: 24-41.

[56] 刘斐然, 胡立君, 石军伟. 区域经济差距、短期目标导向与市场分割 [J]. 当代经济科学, 2021, 43（4）: 119-130.

[57] 刘凯, 吴怡, 王晓瑜, 等. 中国城市群空间结构对大气污染的影响 [J]. 中国人口·资源与环境, 2020, 30（10）: 28-35.

[58] 刘瑞明, 金田林. 政绩考核、交流效应与经济发展——兼论地方政府行为短期化 [J]. 当代经济科学, 2015, 37（3）: 9-18+124.

[59] 刘胜, 顾乃华, 李文秀, 等. 城市群空间功能分工与制造业企业成长——兼议城市群高质量发展的政策红利 [J]. 产业经济研究, 2019（3）: 52-62.

[60] 刘夏明, 魏英琪, 李国平. 收敛还是发散?——中国区域经济发展争论的文献综述 [J]. 经济研究, 2004（7）: 70-81.

[61] 刘修岩, 李松林, 陈子扬. 多中心空间发展模式与地区收入差距 [J]. 中国工业经济, 2017（10）: 25-43.

[62] 刘修岩, 李松林, 秦蒙. 城市空间结构与地区经济效率——兼论中国城镇化发展道路的模式选择 [J]. 管理世界, 2017（1）: 51-64.

[63] 刘修岩, 马宁, 陈露. 长三角城市群一体化、多中心与区域协调发展研究——兼与京津冀、珠三角城市群的对比分析 [J]. 新金融, 2021（9）: 14-18.

[64] 刘修岩, 张学良. 集聚经济与企业区位选择——基于中国地级区域企业数据的实证研究 [J]. 财经研究, 2010, 36（11）: 83-92.

[65] 鲁晓东, 连玉君. 中国工业企业全要素生产率估计: 1999—2007 [J]. 经济学（季刊）, 2012, 11（2）: 541-558.

[66] 陆大道. 关于“点-轴”空间结构系统的形成机理分析 [J]. 地理科学, 2002（1）: 1-6.

[67] 陆铭, 向宽虎, 陈钊. 中国的城市化和城市体系调整: 基于文献的评论 [J]. 世界经济, 2011, 34（6）: 3-25.

[68] 陆铭. 城市、区域和国家发展——空间政治经济学的现在与未来 [J]. 经济学（季刊）, 2017, 16（4）: 1499-1532.

[69] 马歇尔. 经济学原理 [M]. 朱志泰, 译. 北京: 商务印书馆, 1981.

［70］梅志雄，徐颂军，欧阳军，等．近20年珠三角城市群城市空间相互作用时空演变［J］．地理科学，2012，32（6）：694-701.

［71］苗长虹，王海江．中国城市群发展态势分析［J］．城市发展研究，2005（4）：11-14.

［72］聂辉华，江艇，杨汝岱．中国工业企业数据库的使用现状和潜在问题［J］．世界经济，2012，35（5）：142-158.

［73］宁越敏．中国都市区和大城市群的界定——兼论大城市群在区域经济发展中的作用［J］．地理科学，2011，31（3）：257-263.

［74］潘竟虎，李俊峰．基于夜间灯光影像的中国电力消耗量估算及时空动态［J］．地理研究，2016，35（4）：627-638.

［75］潘士远，朱丹丹，徐恺．中国城市过大抑或过小？——基于劳动力配置效率的视角［J］．经济研究，2018，53（9）：68-82.

［76］齐讴歌，赵勇．城市群功能分工的时序演变与区域差异［J］．财经科学，2014（7）：114-121.

［77］秦蒙，刘修岩．城市蔓延是否带来了我国城市生产效率的损失？——基于夜间灯光数据的实证研究［J］．财经研究，2015，41（7）：28-40.

［78］沈坤荣，赵倩．中国经济高质量发展的能力基础、能力结构及其推进机制［J］．经济理论与经济管理，2020（4）：4-12.

［79］盛来运，李拓，毛盛勇，等．中国全要素生产率测算与经济增长前景预测［J］．统计与信息论坛，2018，33（12）：3-11.

［80］石敏俊，张瑜，郑丹．城市群空间结构对地区间收入差距的影响研究［J］．经济纵横，2023（2）：90-101.

［81］宋家泰．城市—区域与城市区域调查研究——城市发展的区域经济基础调查研究［J］．地理学报，1980（4）：277-287.

［82］孙斌栋，郭睿，陈玉．中国城市群的空间结构与经济绩效——对城市群空间规划的政策启示［J］．城市规划，2019，43（9）：37-42+85.

［83］孙斌栋，华杰媛，李琬，等．中国城市群空间结构的演化与影响因素——基于人口分布的形态单中心—多中心视角［J］．地理科学进展，2017，36（10）：1294-1303.

［84］孙斌栋，魏旭红．中国城市区域的多中心空间结构与发展战略［M］.

北京：科学出版社，2016．

[85] 孙久文，蒋治．新发展格局下区域协调发展的战略骨架与路径构想[J]．中共中央党校（国家行政学院）学报，2022，26（4）：78-87．

[86] 孙三百，黄薇，洪俊杰，等．城市规模、幸福感与移民空间优化[J]．经济研究，2014，49（1）：97-111．

[87] 孙铁山．中国三大城市群集聚空间结构演化与地区经济增长[J]．经济地理，2016，36（5）：63-70．

[88] 覃成林，桑曼乘．城市网络与城市经济增长[J]．学习与实践，2015（4）：2+5-11．

[89] 覃成林．区域协调发展机制体系研究[J]．经济学家，2011（4）：63-70．

[90] 王成岐，张建华，安辉．外商直接投资、地区差异与中国经济增长[J]．世界经济，2002（4）：15-23+80．

[91] 王磊，高倩．长江中游城市群空间结构的经济绩效影响研究[J]．人文地理，2018，33（6）：96-102．

[92] 王小鲁，樊纲．中国收入差距的走势和影响因素分析[J]．经济研究，2005（10）：24-36．

[93] 王旭辉，孙斌栋．特大城市多中心空间结构的经济绩效——基于城市经济模型的理论探讨[J]．城市规划学刊，2011（6）：20-27．

[94] 王一鸣．百年大变局、高质量发展与构建新发展格局[J]．管理世界，2020，36（12）：1-13．

[95] 王妤，孙斌栋．城市规模分布对地区收入差距的影响——基于Land-Scan全球人口数据库的实证研究[J]．城市发展研究，2021，28（6）：25-32．

[96] 魏后凯．外商直接投资对中国区域经济增长的影响[J]．经济研究，2002（4）：19-26+92-93．

[97] 魏守华，陈扬科，陆思桦．城市蔓延、多中心集聚与生产率[J]．中国工业经济，2016（8）：58-75．

[98] 温忠麟，叶宝娟．中介效应分析：方法和模型发展[J]．心理科学进展，2014，22（5）：731-745．

[99] 吴健生，刘浩，彭建，等．中国城市体系等级结构及其空间格局——基于DMSP/OLS夜间灯光数据的实证[J]．地理学报，2014，69（6）：759-

770.

［100］吴健生，牛妍，彭建，等．基于 DMSP/OLS 夜间灯光数据的 1995-2009 年中国地级市能源消费动态［J］．地理研究，2014，33（4）：625-634.

［101］习近平．高举中国特色社会主义伟大旗帜　为全面建设社会主义现代化国家而团结奋斗——在中国共产党第二十次全国代表大会上的报告［M］．北京：人民出版社，2022.

［102］习近平．决胜全面建成小康社会　夺取新时代中国特色社会主义伟大胜利——在中国共产党第十九次全国代表大会上的报告［M］//《党的十九大报告学习辅导百问》编写组．党的十九大报告学习辅导百问．北京：党建读物出版社，学习出版社，2017.

［103］习近平．推动形成优势互补高质量发展的区域经济布局［J］．求是，2019（24）：4-9.

［104］习近平．扎实推动共同富裕［J］．求是，2021（20）：4-8.

［105］席强敏，李国平．超大城市规模与空间结构效应研究评述与展望［J］．经济地理，2018，38（1）：61-68.

［106］夏杰长，王鹏飞，申始占．共同富裕的内在逻辑与实现路径：基于公平和效率视角［J］．消费经济，2022，38（6）：3-10.

［107］夏添，孙久文，林文贵．中国行政区经济与区域经济的发展述评——兼论我国区域经济学的发展方向［J］．经济学家，2018（8）：94-104.

［108］肖枫，张俊江．城市群体经济运行模式——兼论建立"共同市场"问题［J］．城市问题，1990（4）：10-14.

［109］肖若石．实现共同富裕与缩小地区收入差异因素分解研究［J］．价格理论与实践，2021（8）：87-90+186.

［110］谢千里，罗斯基，张轶凡．中国工业生产率的增长与收敛［J］．经济学（季刊），2008（3）：809-826.

［111］谢小平，王贤彬．城市规模分布演进与经济增长［J］．南方经济，2012（6）：58-73.

［112］徐康宁，陈丰龙，刘修岩．中国经济增长的真实性：基于全球夜间灯光数据的检验［J］．经济研究，2015，50（9）：17-29+57.

［113］徐现祥，李郁．市场一体化与区域协调发展［J］．经济研究，

2005（12）：57-67.

[114] 许芸鹭，雷国平 . 中国城市群蔓延态势及其治理方向——以三大城市群为例 [J]. 城市问题，2017（8）：74-83.

[115] 杨汝岱 . 中国制造业企业全要素生产率研究 [J]. 经济研究，2015，50（2）：61-74.

[116] 姚常成，宋冬林 . 借用规模、网络外部性与城市群集聚经济 [J]. 产业经济研究，2019（2）：76-87.

[117] 姚士谋，陈爽，陈振光 . 关于城市群基本概念的新认识 [J]. 现代城市研究，1998（6）：15-17+61.

[118] 姚士谋，朱英明，陈振光，等 . 中国城市群（第二版）[M]. 合肥：中国科学技术大学出版社，2001.

[119] 于斌斌，郭东 . 城市群空间结构的经济效率：理论与实证 [J]. 经济问题探索，2021（7）：148-164.

[120] 余淼杰，金洋，张睿 . 工业企业产能利用率衡量与生产率估算 [J]. 经济研究，2018，53（5）：56-71.

[121] 张航，丁任重 . 实施"强省会"战略的现实基础及其可能取向 [J]. 改革，2020（8）：147-158.

[122] 张浩然，衣保中 . 城市群空间结构特征与经济绩效——来自中国的经验证据 [J]. 经济评论，2012（1）：42-47+115.

[123] 张可云，张江 . 城市群多中心性与绿色发展效率——基于异质性的城镇化空间布局分析 [J]. 中国人口·资源与环境，2022，32（2）：107-117.

[124] 张婷麟 . 多中心城市空间结构的经济绩效研究 [D]. 华东师范大学博士学位论文，2019.

[125] 张维迎，周黎安，顾全林 . 经济转型中的企业退出机制——关于北京市中关村科技园区的一项经验研究 [J]. 经济研究，2003（10）：3-14+90.

[126] 张学良 . 2016中国区域经济发展报告——长江经济带建设与中国城市群发展 [M]. 北京：人民出版社，2017.

[127] 张玉卓 . 西方主流经济学长期缺失空间维度分析的原因探究 [J]. 区域经济评论，2017（2）：25-32.

[128] 赵红军 . 从演进经济学视角解读城市形成原因 [J]. 城市问题，

2006（1）：7-10.

［129］赵勇，白永秀．中国城市群功能分工测度与分析［J］．中国工业经济，2012（11）：18-30.

［130］赵璩，石敏俊，杨晶．市场邻近、供给邻近与中国制造业空间分布——基于中国省区间投入产出模型的分析［J］．经济学（季刊），2012，11（3）：1059-1078.

［131］郑建锋，陈千虎．单中心还是多中心？——中国城市内部空间结构演进的特征及解释［J］．中国经济问题，2019（2）：93-105.

［132］郑思齐，孙聪．城市经济的空间结构：居住、就业及衍生问题［J］．南方经济，2011（8）：18-31.

［133］郑思齐，张文忠．住房成本与通勤成本的空间互动关系——来自北京市场的微观证据及其宏观含义［J］．地理科学进展，2007（2）：35-42.

［134］中国宏观经济研究院国土开发与地区经济研究所课题组，贾若祥，王继源，等．推进共同富裕的实践途径研究［J］．宏观经济研究，2022（10）：5-19+36.

［135］中华人民共和国国民经济和社会发展第十三个五年规划纲要［M］．北京：人民出版社，2016.

［136］中华人民共和国国民经济和社会发展第十四个五年规划和2035年远景目标纲要［N］．人民日报，2021-3-13（01）.

［137］周德，徐建春，王莉．环杭州湾城市群土地利用的空间冲突与复杂性［J］．地理研究，2015，34（9）：1630-1642.

［138］周国华，彭佳捷．空间冲突的演变特征及影响效应——以长株潭城市群为例［J］．地理科学进展，2012，31（6）：717-723.

［139］周文，何雨晴．共同富裕的政治经济学要义［J］．消费经济，2022，38（4）：3-11.

［140］周业安，章泉．财政分权、经济增长和波动［J］．管理世界，2008（3）：6-15+186.

［141］周一星．关于明确我国城镇概念和城镇人口统计口径的建议［J］．城市规划，1986（3）：10-15.

［142］朱志胜．中国城镇化格局的空间效率与区域平衡效应研究——基于

2000~2012 年省级面板数据的实证检验 [J]. 云南财经大学学报, 2016, 32 (2): 37-48.

[143] Al-Marhubi F. Export Diversification and Growth: An Empirical Investigation [J]. Applied Economics Letters, 2000, 7 (9): 559-562.

[144] Alonso W. Location and Land Use: Toward a General Theory of Land Rent [M]. Cambridge: Harvard University Press, 1964.

[145] Alonso W. The Economics of Urban Size [J]. Papers in Regional Science, 1971, 26 (1): 67-83.

[146] Alonso W. Urban Zero Population Growth [J]. Daedalus, 1973, 102 (4): 191-206.

[147] Anas A, Arnott R, Small K A. Urban Spatial Structure [J]. Journal of Economic Literature, 1998, 36 (3): 1426-1464.

[148] Angrist N, Goldberg P K, Jolliffe D. Why is Growth in Developing Countries So Hard to Measure? [J]. Journal of Economic Perspectives, 2021, 35 (3): 215-242.

[149] Arthur W B. Positive Feedbacks in the Economy [J]. Scientific American, 1990, 262 (2): 92-99.

[150] Au C-C, Henderson J V. Are Chinese Cities Too Small? [J]. The Review of Economic Studies, 2006, 73 (3): 549-576.

[151] Bailey N, Turok I. Central Scotland as a Polycentric Urban Region: Useful Planning Concept or Chimera? [J]. Urban Studies, 2001, 38 (4): 697-715.

[152] Baldwin R E, Okubo T. Heterogeneous Firms, Agglomeration and Economic Geography: Spatial Selection and Sorting [J]. Journal of Economic Geography, 2006, 6 (3): 323-346.

[153] Baldwin R, Forslid R, Martin P, et al. Economic Geography and Public Policy [M]. Princeton: Princeton University Press, 2003.

[154] Banister J. 中国的制造业就业 [J]. 中国劳动经济学, 2006, 3 (1): 22-47.

[155] Baron R M, Kenny D A. The Moderator-mediator Variable Distinction in Social Psychological Research: Conceptual, Strategic, and Statistical Considerations

［J］. Journal of Personality and Social Psychology, 1986, 51 (6): 1173-1182.

［156］ Barro R J, Sala-i-Martin X. Convergence Across States and Regions ［J］. Brookings Papers on Economic Activity, 1991, 22 (1): 107-182.

［157］ Batten D F. Network Cities: Creative Urban Agglomerations for the 21st Century ［J］. Urban Studies, 1995, 32 (2): 313-327.

［158］ Baudelle G, Peyrony J. Striving for Equity: Polycentric Development Policies in France ［J］. Built Environment, 2005, 31 (2): 103-111.

［159］ Blundell R, Bond S. Initial Conditions and Moment Restrictions in Dynamic Panel Data Models ［J］. Journal of Econometrics, 1998, 87 (1): 115-143.

［160］ Bosker M, Buringh E. City Seeds: Geography and the Origins of the European City System ［J］. Journal of Urban Economics, 2017 (98): 139-157.

［161］ Brandt L, Van Biesebroeck J, Zhang Y. Creative Accounting or Creative Destruction? Firm-level Productivity Growth in Chinese Manufacturing ［J］. Journal of Development Economics, 2012, 97 (2): 339-351.

［162］ Breheny M. The Contradictions of the Compact City: A Review ［M］ // Breheny M. Sustainable Development and Urban Form. London: Pion, 1992: 138-159.

［163］ Breheny M. Urban Compaction: Feasible and Acceptable? ［J］. Cities, 1997, 14 (4): 209-217.

［164］ Brezzi M, Veneri P. Assessing Polycentric Urban Systems in the OECD: Country, Regional and Metropolitan Perspectives ［J］. European Planning Studies, 2015, 23 (6): 1128-1145.

［165］ Burger M J, Meijers E. Form Follows Function? Linking Morphological and Functional Polycentricity ［J］. Urban Studies, 2012, 49 (5): 1127-1149.

［166］ Burger M J, Van der Knaap B, Wall R S. Polycentricity and the Multiplexity of Urban Networks ［J］. European Planning Studies, 2014, 22 (4): 816-840.

［167］ Caner M, Hansen B E. Instrumental Variable Estimation of a Threshold Model ［J］. Econometric Theory, 2004, 20 (5): 813-843.

［168］ Capello R. The City Network Paradigm: Measuring Urban Network Externalities [J]. Urban Studies, 2000, 37 (11): 1925-1945.

[169] Cervero R. Efficient Urbanisation: Economic Performance and the Shape of the Metropolis [J]. Urban Studies, 2001, 38 (10): 1651-1671.

[170] Clark W A V. Monocentric to Policentric: New Urban Forms and Old Paradigms [M] //Bridge G, Watson S. A Companion to the City. Hoboken: Blackwell Publishers Ltd, 2003: 141-154.

[171] Combes P-P, Duranton G, Gobillon L, et al. The Productivity Advantages of Large Cities: Distinguishing Agglomeration from Firm Selection [J]. Econometrica, 2012, 80 (6): 2543-2594.

[172] Combes P-P, Gobillon L. The Empirics of Agglomeration Economies [M] //Duranton G, Henderson J V, Strange W C. Handbook of Regional and Urban Economics (Vol. 5). Amsterdam: Elsevier, 2015: 247-348.

[173] Combes P-P, Mayer T, Thisse J-F. Economic Geography: The Integration of Regions and Nations [M]. Princeton: Princeton University Press, 2008.

[174] Coulibaly S, Deichmann U K, Silva Freire M E, et al. World Development Report 2009: Reshaping Economic Geography [R]. Washington DC: World Bank Group, 2009.

[175] Davis D R, Weinstein D E. Bones, Bombs, and Break Points: The Geography of Economic Activity [J]. American Economic Review, 2002, 92 (5): 1269-1289.

[176] Davis D R. Weinstein D E. Does Economic Geography Matter for International Specialization? [Z]. National Bureau of Economic Research Working Paper 5706, 1996.

[177] Desmet K, Henderson J V. The Geography of Development Within Countries [M] //Duranton G, Henderson J V, Strange W C. Handbook of Regional and Urban Economics (Vol. 5). Amsterdam: Elsevier, 2015: 1457-1517.

[178] Dunford M. Spatial Divisions of Labour: Social Structures and the Geography of Production [J]. Regional Studies, 2017, 51 (6): 973-976.

[179] Duranton G, Puga D. From Sectoral to Functional Urban Specialisation [J]. Journal of Urban Economics, 2005, 57 (2): 343-370.

［180］Duranton G, Puga D. Micro-Foundations of Urban Agglomeration Economies ［M］//Henderson J V, Thisse J F. Handbook of Regional and Urban Economics (Vol. 4) . Amsterdam: Elsevier, 2004: 2063-2117.

［181］Elvidge C D, Ziskin D, Baugh K E, et al. A Fifteen Year Record of Global Natural Gas Flaring Derived from Satellite Data ［J］. Energies, 2009, 2 (3): 595-622.

［182］Esteve-Pérez S, Mañez-Castillejo J A. The Resource-Based Theory of the Firm and Firm Survival ［J］. Small Business Economics, 2008, 30 (3): 231-249.

［183］European Spatial Development Perspective (ESDP) . First Official Draft, Informal Meeting of Ministers Responsible for Spatial Planning of the Member States of the European Union ［Z］. Luxembourg: Office for Official Publications of the European Communities, 1997.

［184］Ewing R H. Characteristics, Causes, and Effects of Sprawl: A Literature Review ［J］. Environment and Urban Studies, 1994, 21 (2): 1-15.

［185］Fallah B N, Partridge M D, Olfert M R. Urban Sprawl and Productivity: Evidence from US Metropolitan Areas ［J］. Papers in Regional Science, 2011, 90 (3): 451-473.

［186］Fawcett C B. Distribution of the Urban Population in Great Britain ［J］. The Geographical Journal, 1932, 79 (2): 100-113.

［187］Findlay R. Relative Backwardness, Direct Foreign Investment, and the Transfer of Technology: A Simple Dynamic Model ［J］. The Quarterly of Journal of Economics, 1978, 92 (1): 1-16.

［188］Friedmann J. Regional Development Policy: A Case Study of Venezuela ［M］. Cambridge: MIT Press, 1966.

［189］Fujita M, Hu D. Regional Disparity in China 1985-1994: The Effects of Globalization and Economic Liberalization ［J］. The Annals of Regional Science, 2001 (35): 3-37.

［190］Fujita M, Krugman P, Mori T. On the Evolution of Hierarchical Urban Systems ［J］. European Economic Review, 1999, 43 (2): 209-251.

［191］Fujita M, Krugman P, Venables A J. The Spatial Economy: Cities, Regions, and International Trade [M]. Cambridge: MIT Press, 1999.

[192] Fujita M, Mori T. Frontiers of the New Economic Geography [J]. Papers in Regional Science, 2005, 84 (3): 377-405.

[193] Fujita M, Mori T. Structural Stability and Evolution of Urban Systems [J]. Regional Science and Urban Economics, 1997, 27 (4-5): 399-442.

[194] Fujita M, Ogawa H. Multiple Equilibria and Structural Transition of Non-monocentric Urban Configurations [J]. Regional Science and Urban Economics, 1982, 12 (2): 161-196.

[195] Gaigné C, Riou S, Thisse J-F. Are Compact Cities Environmentally Friendly? [J]. Journal of Urban Economics, 2012, 72 (2-3): 123-136.

[196] Galor O. Convergence? Inferences from Theoretical Models [J]. The Economic Journal, 1996, 106 (437): 1056-1069.

[197] Garreau J. Edge City: Life on the New Frontier [M]. New York: Random House, 1991.

[198] Geddes P. Cities in Evolution: An Introduction to the Town Planning Movement and to the Study of Civics [M]. London: Williams and Norgate, 1915.

[199] Glaeser E L, Gyourko J. Urban Decline and Durable Housing [J]. Journal of Political Economy, 2005, 113 (2): 345-375.

[200] Glaeser E L, Kahn M E. Sprawl and Urban Growth [M] //Henderson J V, Thisse J F. Handbook of Regional and Urban Economics (Vol. 4). Amsterdam: Elsevier, 2004: 2481-2527.

[201] Glaeser E L, Kallal H D, Scheinkman J A, et al. Growth in Cities [J]. Journal of Political Economy, 1992, 100 (6): 1126-1152.

[202] Gottmann J. Megalopolis or the Urbanization of the Northeastern Seaboard [J]. Economic Geography, 1957, 33 (3): 189-200.

[203] Hall P, Pain K. The Polycentric Metropolis: Learning from Mega-City Regions in Europe [M]. London: Earthscan, 2006.

[204] Hansen B E. Threshold Effects in Non-dynamic Panels: Estimation, Testing, and Inference [J]. Journal of Econometrics, 1999, 93 (2): 345-368.

[205] Hansen N. Impacts of Small-and Intermediate-sized Cities on Population

Distribution: Issues and Responses [J]. Regional Development Dialogue, 1990, 11 (1): 60-76.

[206] Head K, Mayer T. The Empirics of Agglomeration and Trade [M] //Henderson J V, Thisse J-F. Handbook of Regional and Urban Economics (Vol. 4). Amsterdam: Elsevier, 2004: 2609-2669.

[207] Henderson J V, Squires T, Storeygard A, et al. The Global Distribution of Economic Activity: Nature, History, and the Role of Trade [J]. The Quarterly Journal of Economics, 2018, 133 (1): 357-406.

[208] Henderson J V, Storeygard A, Weil D N. Measuring Economic Growth from Outer Space [J]. The American Economic Review, 2012, 102 (2): 994-1028.

[209] Henderson J V. Efficiency of Resource Usage and City Size [J]. Journal of Urban Economics, 1986, 19 (1): 47-70.

[210] Henderson J V. Medium Size Cities [J]. Regional Science and Urban Economics, 1997, 27 (6): 583-612.

[211] Henderson J V. The Sizes and Types of Cities [J]. The American Economic Review, 1974, 64 (4): 640-656.

[212] Henderson J V. The Urbanization Process and Economic Growth: The So-What Question [J]. Journal of Economic Growth, 2003, 8 (1): 47-71.

[213] Hirschman A O. The Strategy of Economic Development [M]. New Haven: Yale University Press, 1958.

[214] Horton F E, Reynolds D R. Effects of Urban Spatial Structure on Individual Behavior [J]. Economic Geography, 1971, 47 (1): 36-48.

[215] Hsieh C-T, Klenow P J. Misallocation and Manufacturing TFP in China and India [J]. The Quarterly Journal of Economics, 2009, 124 (4): 1403-1448.

[216] Huang Q, He C, Gao B, et al. Detecting the 20 Year City-size Dynamics in China with a Rank Clock Approach and DMSP/OLS Nighttime Data [J]. Landscape and Urban Planning, 2015, 137 (5): 138-148.

[217] Huang Q, Yang X, Gao B, et al. Application of DMSP/OLS Nighttime Light Images: A Meta-Analysis and a Systematic Literature Review [J]. Remote Sensing, 2014, 6 (8): 6844-6866.

[218] Isard W. Location and The Space Economy: A General Theory Relating to Industrial Location, Market Areas, Land Use, Trade, and Urban Structure [M]. New York: John Wiley, 1956.

[219] Jacobs J. The Economy of Cities [M]. New York: Random House, 1969.

[220] Jean N, Burke M, Xie M, et al. Combining Satellite Imagery and Machine Learning to Predict Poverty [J]. Science, 2016, 353 (6301): 790-794.

[221] Jofre-Monseny J, Marín-López R, Viladecans-Marsal E. The Mechanisms of Agglomeration: Evidence from the Effect of Inter-industry Relations on the Location of New Firms [J]. Journal of Urban Economics, 2011, 70 (2-3): 61-74.

[222] Johansson B, Quigley J M. Agglomeration and Networks in Spatial Economies [J]. Papers in Regional Science, 2004, 83 (1): 165-176.

[223] Jorgenson D W, Griliches Z. The Explanation of Productivity Change [J]. The Review of Economic Studies, 1967, 34 (3): 249-283.

[224] Krugman P. Geography and Trade [M]. Cambridge: MIT Press, 1991a.

[225] Krugman P. Increasing Returns and Economic Geography [J]. Journal of Political Economy, 1991b, 99 (3): 483-499.

[226] Krugman P. On the Number and Location of Cities [J]. European Economic Review, 1993, 37 (2-3): 293-298.

[227] Lambregts B. Polycentrism: Boon or Barrier to Metropolitan Competitiveness? The Case of the Randstad Holland [J]. Built Environment, 2006, 32 (2): 114-123.

[228] Lee B, Gordon P. Urban Structure: Its Role in Urban Growth, Net New Business Formation and Industrial Churn [J]. Revue Région et Développement, 2011 (33): 137-159.

[229] Lee B. "Edge" or "Edgeless" Cities? Urban Spatial Structure in U.S. Metropolitan Areas, 1980 to 2000 [J]. Journal of Regional Science, 2007, 47 (3): 479-515.

[230] Levinsohn J, Petrin A. Estimating Production Functions Using Inputs to Control for Unobservables [J]. The Review of Economic Studies, 2003, 70 (2): 317-341.

［231］ Liu L. Entry－Exit, Learning, and Productivity Change: Evidence from Chile ［J］. Journal of Development Economics, 1993, 42 (2): 217-242.

［232］ Liu Z, He C, Zhang Q, et al. Extracting the Dynamics of Urban Expansion in China Using DMSP－OLS Nighttime Light Data from 1992 to 2008 ［J］. Landscape and Urban Planning, 2012, 106 (1): 62-72.

［233］ Lucas R E, Rossi－Hansberg E. On the Internal Structure of Cities ［J］. Econometrica, 2002, 70 (4): 1445-1476.

［234］ Lucas R. E. Externalities and Cities ［J］. Review of Economic Dynamics, 2001, 4 (2): 245-274.

［235］ Lüthi S, Thierstein A, Bentlage M. The Relational Geography of the Knowledge Economy in Germany: On Functional Urban Hierarchies and Localised Value Chain Systems ［J］. Urban Studies, 2013, 50 (2): 276-293.

［236］ Malý J. Impact of Polycentric Urban Systems on Intra－regional Disparities: A Micro－regional Approach ［J］. European Planning Studies, 2016, 24 (1): 116-138.

［237］ Marshall A. Principles of Economics: An Introductory Volume ［M］. London: The Macmillan Press, 1890.

［238］ McGee T G. The Emergence of Desakota Regions in Asia: Expanding a Hypothesis ［M］ //Ginsburg N, Koppel B, McGee T G. The Extended Metropolis: Settlement Transition in Asia. Honolulu: University of Hawaii Press, 1991: 1-26.

［239］ McMillen D P, McDonald J F. Suburban Subcenters and Employment Density in Metropolitan Chicago ［J］. Journal of Urban Economics, 1998, 43 (2): 157-180.

［240］ McMillen D P, Smith S C. The Number of Subcenters in Large Urban Areas ［J］. Journal of Urban Economics, 2003, 53 (3): 321-338.

［241］ Meijers E, Burger M J, Hoogerbrugge M M. Borrowing Size in Networks of Cities: City Size, Network Connectivity and Metropolitan Functions in Europe ［J］. Papers in Regional Science, 2016, 95 (1): 181-199.

［242］ Meijers E, Burger M J. Spatial Structure and Productivity in US Metropolitan Areas ［J］. Environment Planning A, 2010, 42 (6): 1383-1402.

［243］ Meijers E, Burger M J. Stretching the Concept of 'Borrowed Size'

[J]. Urban Studies, 2017, 54 (1): 269-291.

[244] Meijers E, Sandberg K. Reducing Regional Disparities by Means of Poly-centric Development: Panacea or Placebo? [J]. Scienze Regionali, 2008 (2): 71-96.

[245] Meijers E. Measuring Polycentricity and its Promises [J]. European Planning Studies, 2008a, 16 (9): 1313-1323.

[246] Meijers E. Summing Small Cities Does Not Make a Large City: Polycentric Urban Regions and the Provision of Cultural, Leisure and Sports Amenities [J]. Urban Studies, 2008b, 45 (11): 2323-2342.

[247] Mills E S. An Aggregative Model of Resource Allocation in a Metropolitan Area [J]. The American Economic Review, 1967, 57 (2): 197-210.

[248] Moretti E. Workers' Education, Spillovers, and Productivity: Evidence from Plant - Level Production Functions [J]. American Economic Review, 2004, 94 (3): 656-690.

[249] Movshuk O. The Reliability of China's Growth Figures: A Survey of Recent Statistical Controversies [J]. The Journal of Econometric Study of Northeast Asia, 2002 (1): 31-45.

[250] Muth R F. Cities and Housing: The Spatial Patterns of Urban Residential Land Use [M]. Chicago: University of Chicago Press, 1969.

[251] Myrdal G. Economic Theory and Underdeveloped Regions [M]. London: Gerald Duckworth, 1957.

[252] Nadin V, Dühr S. Some Help with Euro-planning Jargon [J]. Town and Country Planning, 2005, 74 (3): 82-83.

[253] Nitsch V. Does History Matter for Urban Primacy? The Case of Vienna [J]. Regional Science and Urban Economics, 2003, 33 (4): 401-418.

[254] Ogawa H, Fujita M. Equilibrium Land Use Patterns in a Non-monocentric City [J]. Journal of Regional Science, 1980, 20 (4): 455-475.

[255] Olley G S, Pakes A. The Dynamics of Productivity in the Telecommunications Equipment Industry [J]. Econometrica, 1996, 64 (6): 1263-1297.

[256] Parr J B. Cities and Regions: Problems and Potentials [J]. Environment and Planning A, 2008, 40 (12): 3009-3026.

[257] Pendall R, Martin J. Holding the Line: Urban Containment in the United States [M]. Washington DC: The Brookings Institution Center on Urban and Metropolitan Policy, 2002.

[258] Phelps N A, Ozawa T. Contrasts in Agglomeration: Proto-industrial, Industrial and Post-industrial Forms Compared [J]. Progress in Human Geography, 2003, 27 (5): 583-604.

[259] Poncet S. A Fragmented China: Measure and Determinants of Chinese Domestic Market Disintegration [J]. Review of International Economics, 2005, 13 (3): 409-430.

[260] Ramsey F P. A Mathematical Theory of Saving [J]. The Economic Journal, 1928, 38 (152): 543-559.

[261] Rauhut D. Polycentricity: One Concept or Many? [J]. European Planning Studies, 2017, 25 (2): 332-348.

[262] Razin A, Yuen C-W. Factor Mobility and Income Growth: Two Convergence Hypotheses [J]. Review of Development Economics, 1997, 1 (2): 171-190.

[263] Riguelle F, Thomas I, Verhetsel A. Measuring Urban Polycentrism: A European Case Study and Its Implications [J]. Journal of Economic Geography, 2007, 7 (2): 193-215.

[264] Roback J. Wages, Rents, and the Quality of Life [J]. Journal of Political Economy, 1982, 90 (6): 1257-1278.

[265] Rosenthal S S, Strange W C. Evidence on the Nature and Sources of Agglomeration Economies [M]//Henderson J V, Thisse J F. Handbook of Regional and Urban Economics (Vol.4). Amsterdam: Elsevier, 2004: 2119-2171.

[266] Rosenthal S S, Strange W C. The Determinants of Agglomeration [J]. Journal of Urban Economics, 2001, 50 (2): 191-229.

[267] Rossi-Hansberg E. Optimal Urban Land Use and Zoning [J]. Review of Economic Dynamics, 2004, 7 (1): 69-106.

[268] Sala-i-Martin X. The Classical Approach to Convergence Analysis [J]. The Economic Journal, 1996, 106 (437): 1019-1036.

[269] Scott A J. Regional Motors of the Global Economy [J]. Future, 1996, 28

(5)：391-411.

[270] Small K A, Song S. Population and Employment Densities: Structure and Change [J]. Journal of Urban Economics, 1994, 36 (3): 292-313.

[271] Solow R M. A Contribution to the Theory of Economic Growth [J]. The Quarterly Journal of Economics, 1956, 70 (1): 65-94.

[272] Taylor G R. Satellite Cities: A Study of Industrial Suburbs [M]. New York: Appleton &Co. , 1915.

[273] Vandermotten C, Halbert L, Roelandts M, et al. European Planning and the Polycentric Consensus: Wishful Thinking? [J]. Regional Studies, 2008, 42 (8): 1205-1217.

[274] Veneri P, Burgalassi D. Questioning Polycentric Development and its Effects. Issues of Definition and Measurement for the Italian NUTS - 2 Regions [J]. European Planning Studies, 2012, 20 (6): 1017-1037.

[275] Williams K, Burton E, Jenks M. Achieving Sustainable Urban Form [M]. London: Routledge, 2000.

[276] Williamson J G. Regional Inequality and the Process of National Development: A Description of the Patterns [J]. Economic Development and Cultural Change, 1965, 13 (4): 3-47.

[277] Young A. The Razor's Edge: Distortions and Incremental Reform in the People's Republic of China [J]. The Quarterly Journal of Economics, 2000, 115 (4): 1091-1135.

[278] Zhang Q, Seto K C. Mapping Urbanization Dynamics at Regional and Global Scales Using Multi-temporal DMSP/OLS Nighttime Light Data [J]. Remote Sensing of Environment, 2011, 115 (9): 2320-2329.

[279] Zhao J, Chen Y, Ji G, et al. Residential Carbon Dioxide Emissions at the Urban Scale for County-Level Cities in China: A Comparative Study of Nighttime Light Data [J]. Journal of Cleaner Production, 2018 (180): 198-209.

[280] Zhou Y, Ma T, Zhou C, et al. Nighttime Light Derived Assessment of Regional Inequality of Socioeconomic Development in China [J]. Remote Sensing, 2015, 7 (2): 1242-1262.

附　录

附录1　样本城市群简介

本书选取 20 个城市群为研究对象，根据划分范围，每个城市群均包含规模不一的各类城市①。附表 1 对各城市群土地面积以及其中各类城市数量做简要归纳。

附表 1　各城市群土地面积与城市数量

所在城市群	超特大城市（座）	大城市（座）	中小城市（座）	行政面积（平方千米）	建成区面积（平方千米）	所处地区
京津冀城市群	2	6	5	218765	4274	东部地区
长三角城市群	3	9	6	141725	5856	东部地区
珠三角城市群	4	3	2	54954	4482	东部地区
山东半岛城市群	2	3	4	86584	2893	东部地区
海峡西岸城市群	0	3	3	55423	1154	东部地区
武汉城市群	1	0	11	94099	1423	中部地区
长株潭城市群	1	1	6	97049	1222	中部地区

---

① 下文提及的超大城市、特大城市、大城市和中小城市的界定，是依据国务院 2014 年下发的《国务院关于调整城市规模划分标准的通知》，即城区常住人口在 1000 万以上的城市为超大城市，城区常住人口在 500 万以上 1000 万以下的城市为特大城市，城区常住人口在 100 万以上 500 万以下的城市为大城市，城区常住人口在 100 万以下的城市为中小城市。本书按照 2020 年城区常住人口数据进行划分。

所在城市群	超特大城市（座）	大城市（座）	中小城市（座）	行政面积（平方千米）	建成区面积（平方千米）	所处地区
江淮城市群	0	3	7	83739	1428	中部地区
中原城市群	1	2	6	58753	1541	中部地区
成渝城市群	2	5	8	222957	3806	西部地区
关中平原城市群	1	1	4	74727	1027	西部地区
辽中南城市群	2	2	6	98140	1982	东北地区
哈长城市群	1	3	7	323226	1922	东北地区
环鄱阳湖城市群	0	1	4	69002	742	中部地区
呼包鄂榆城市群	0	2	2	174757	664	中部地区
晋中城市群	0	1	4	74414	553	中部地区
北部湾城市群	0	1	3	44659	548	西部地区
兰西城市群	0	2	1	40898	400	西部地区
滇中城市群	1	0	3	94190	693	西部地区
黔中城市群	0	2	2	74921	643	西部地区

城市群的基本发展情况①：

京津冀城市群位于中国环渤海的心脏地带，范围覆盖北京、天津两大直辖市以及整个河北省，是中国北方重要的核心经济区。京津冀城市群的行政区域面积为 21.88 万平方千米，涵盖 13 座城市，其中有 2 座超大城市（北京和天津）、6 座大城市（石家庄、唐山、秦皇岛、邯郸、保定和张家口），以及 5 座中小城市（邢台、承德、沧州、廊坊、衡水）。2021 年，京津冀城市群的 GDP 为 95640 亿元，占同年全国总产出的 8.32%；常住人口为 1.07 亿人，占全国总人口的 7.61%；城镇化率达到 64.12%，建成区面积为 4274 平方千米。京津冀城市群被视为典型的单中心结构，北京作为全国政治和文化中心，对京津冀地区的引领作用十分突出。2021 年，北京市 GDP 占该城市群总产出的 42.10%，常住人口占城市群总人口的 20.12%，城镇化率水平（87.5%）也遥遥领先于城市群中的其他城市。

长三角城市群是"一带一路"与长江经济带的重要交汇地带，围绕长江入

---

① 城市群数据根据《中国城市统计年鉴》各城市的数据加总计算所得。

海口形成了一个天然整体，是中国一体化程度最高、经济基础最好的地区之一，也是极具经济活力和创新能力的世界级城市群。长三角城市群涵盖 18 座城市，包括上海 1 座超大城市，南京、杭州 2 座超大城市，无锡、常州、苏州、南通、盐城、扬州、宁波、绍兴、台州 9 座大城市，镇江、泰州、嘉兴、湖州、金华、舟山 6 座中小城市①。这一城市群经济腹地广阔，拥有国内最密集的港口群、机场群和高铁群，立体式的综合交通网络基本完成。2021 年，长三角城市群 GDP 为 202573 亿元，占同年全国总产出的 17.62%；常住人口 1.37 亿人，占全国总人口的 9.68%；平均城镇化率达 74.73%。

珠三角城市群位于广东省内、珠江下游，是粤港澳大湾区的重要组成部分。这一城市群现已成长为具有全球影响力的先进制造业基地和现代服务业基地，并辐射带动华南、华中和西南地区的经济发展。珠三角城市群行政区划面积约 5.50 万平方千米，包括广州、深圳 2 座超大城市，佛山、东莞 2 座特大城市，珠海、江门、惠州 3 座大城市，以及肇庆和中山 2 座中小城市共 9 市。2021 年，珠三角城市群 GDP 为 100585 亿元，占同年全国总产出的 8.75%；常住人口 7801 万人，占全国总人口的 5.53%，建成区面积为 4482 平方千米。值得注意的是，珠三角城市群是我国所有城市群中城镇化率最高的区域，平均城镇化率水平超过 86%。珠三角城市群的发展优势既有来自改革开放的先发因素，也有来自自身积极转型的后发因素。一方面，得益于改革开放之初，珠三角城市群充分利用外来资本、外来人口与本地廉价土地等要素的有机结合，成就了这一地区经济发展的奇迹。另一方面，2010 年以后，珠三角城市群高铁网络的不断完善、"腾笼换鸟"式的产业转移等举措，进一步提升了该区域的经济实力。

山东半岛城市群位于山东省内、黄河下游，东临渤海和黄海，处于中国最大的半岛范围内。作为黄河流域对外开放的门户和"一带一路"倡议的枢纽，山东半岛城市群是沿黄七大城市群中经济实力最强、发展最成熟的城市群②，也是

---

① 2010 年，国务院批准实施的《长江三角洲地区区域规划》中对长三角城市群的空间范围确定为 16 个城市。2016 年，国家发展改革委发布《长江三角洲城市群发展规划》，在之前确定的 16 个城市的基础上增加了盐城、金华、合肥、芜湖、马鞍山、铜陵、安庆、滁州、池州、宣城 10 个城市，扩至 26 个城市，并将原有 16 个城市划为核心区，新增的 10 个城市划为辐射区。本书基于市场联系的紧密程度，以《长江三角洲地区区域规划》确定的 16 个城市为基础，同时增加了金华和盐城，最终确定长三角城市群为 18 个城市的空间范围。

② 沿黄城市群主要包括呼包鄂榆城市群、晋中城市群、宁夏沿黄城市群、关中平原城市群、中原城市群、兰西城市群、山东半岛城市群。

黄河流域"一轴两区五极"中的重要组成部分。山东半岛城市群包括济南、青岛 2 座特大城市，淄博、烟台、潍坊 3 座大城市，以及东营、威海、日照、滨州 4 座中小城市。2021 年，山东半岛城市群的 GDP 为 57481 亿元，占同年全国总产出的 5.01%；常住人口 5246 万人，占全国总人口的 3.72%；平均城镇化率达 68.69%，建成区面积约 2893 平方千米。

海峡西岸城市群位于我国东南部、福建省内，地处沿海经济带的黄金位置，南北分别比邻珠三角城市群和长三角城市群，是我国经济发展的重心之一。在加强两岸经济、文化交流合作中，海峡西岸地区发挥重要的纽带作用。海峡西岸城市群的行政区划面积约 5.54 万平方千米，包括福州、厦门、泉州 3 座大城市，以及莆田、漳州、宁德 3 座中小城市。2021 年，该城市群 GDP 达 40722 亿元，占同年福建省总产出的 82.11%，其中，福州和泉州的 GDP 均已突破万亿元大关，成为推动海峡西岸城市群经济发展的主力引擎。该城市群常住人口约 3364 万人，城镇化率达 69.24%，建成区面积约 1154 平方千米。

武汉城市群位于湖北省内的鄂东地区。作为长江中游城市群的"三圈"之一，武汉城市群以武汉市为核心，通过与周围中小城市的分工与协作，城市群发展取得了较大成就，现已成为中部崛起和长江经济带发展的重要战略支点，对提升长江中游地区的支撑能力、助推长江经济带和中部地区高质量发展等方面有着重要战略意义。本书划定的武汉城市群包括武汉 1 座特大城市，黄石、鄂州、荆门、孝感、荆州、黄冈、咸宁、随州、仙桃、潜江、天门 11 座中小城市。2021 年，武汉城市群 GDP 为 36179 亿元，占同年湖北省总产出的 72.36%；常住人口 4174 万人；平均城镇化率达 59.85%。其中，武汉市在武汉城市群中的首位度较高，2021 年，武汉市 GDP 占武汉城市群的 48.97%，常住人口占武汉城市群总人口的 37.49%。

长株潭城市群地处湖南省中东部，位于长江经济带和京广经济带的交汇节点，以长沙、株洲和湘潭三座相邻城市为轴展开，是湖南省经济发展最繁荣，城镇化进程最快，资本、技术、人才集聚度最高的区域。长株潭城市群共涵盖 8 座城市，其中包括长沙 1 座特大城市，株洲 1 座大城市，衡阳、岳阳、湘潭、常德、益阳、娄底 6 座中小城市。2021 年，长株潭城市群 GDP 为 35381 亿元，常住人口 4133 万人，平均城镇化率达 60.85%，建成区面积为 1222 平方千米。其中，长沙、株洲、湘潭三市在地理上相邻且资源互补，城市间经济联系紧密，在工程机械、轨道交通、航天航空等相关产业的关联度高，已经形成完整的产业链条，在城市群的发展中起着引领作用。

江淮城市群地处安徽省中部，横跨淮河和长江两大流域，东临长三角城市群，是长三角城市群西进的重要腹地①，是中部地区向东发展的门户，在我国区域空间发展格局中具有承东启西、沟通南北的重大战略意义。江淮城市群包括合肥、芜湖、淮南 3 座大城市，蚌埠、马鞍山、铜陵、安庆、滁州、池州、宣城 7 座中小城市，行政区域面积为 8.37 万平方千米。2021 年，江淮城市群城镇化率达 64.65%，建成区面积 1428 平方千米；GDP 为 31623 亿元，占同年全国总产出的 2.75%，占安徽省总产出的 74.23%；常住人口 3481 万人，占全国总人口的 2.47%，占安徽省总人口的 57.02%。其中，首位城市——合肥市，在江淮城市群的核心地位并不突出。2021 年，合肥市的常住人口占江淮城市群的比重达 26.92%，GDP 在城市群中的占比约 36.08%。

中原城市群位于河南省内，是中国人口密度最高的城市群。范围涵盖 9 座城市，其中包括 1 座特大城市（郑州）、2 座大城市（开封和洛阳）和 6 座中小城市（平顶山、新乡、焦作、许昌、漯河和济源），行政区域面积为 5.88 万平方千米。2021 年，中原城市群 GDP 为 34897 亿元，占同年河南省总产出的 60.06%；常住人口 4671 万人，占河南省总人口的 46.99%；平均城镇化率达 60.57%，建成区面积约 1541 平方千米。作为中原城市群的经济中心，郑州市与周边各城市联系密切，且发展势头强劲，是国家九大中心城市之一，肩负着推动中原城市群高质量发展的重任。2021 年，首位城市——郑州市，其 GDP 占中原城市群的比重为 36.37%，郑州市常住人口占城市群比重为 46.99%。

成渝城市群地处长江上游、四川盆地，是西部地区人口密度最大、产业基础最雄厚、经济发展水平最高的区域。这一城市群以成都和重庆这两大国家中心城市为核心，涵盖 15 个城市，其中包括重庆、成都 2 座超大城市，自贡、泸州、绵阳、南充、宜宾 5 座大城市，德阳、遂宁、内江、乐山、眉山、广安、雅安、

① 2016 年，国家发展改革委发布的《长江三角洲城市群发展规划》中将安徽省的合肥、芜湖、马鞍山、铜陵、安庆、滁州、池州、宣城 8 个城市划为辐射区。2019 年，中共中央、国务院印发的《长江三角洲区域一体化发展规划纲要》中，进一步将规划范围覆盖上海市、江苏省、浙江省、安徽省三省一市全域，并将之前划定的辐射区——安徽省合肥、芜湖、马鞍山、铜陵、安庆、滁州、池州、宣城 8 个城市划定为长江三角洲的中心区之一。参照官方公布的多个规划方案，结合城市间经济联系的紧密程度，本书将江淮城市群独立划分出来，并增加淮南和蚌埠，最终将江淮城市群的范围确定为 10 个城市。

资阳 8 座中小城市，行政区域面积 22.30 万平方千米，是所有城市群中面积最大的城市群。成渝地区的经济合作和贸易往来源远流长、由来已久，成渝城市群现已经成为国家区域发展的重大战略，是西部大开发的战略平台，也是长江经济带的重要支撑。2021 年，成渝城市群的 GDP 为 73602 亿元，占同年全国总产出的 6.41%；常住人口 9731 万人，占全国总人口的 6.89%；平均城镇化率为 54.12%，建成区面积为 3806 平方千米。

关中平原城市群位于陕西省内，南靠秦岭山脉，北接黄土高原，是华夏文明的重要发祥地和古代丝绸之路的起点，也是西部地区第二大城市群。具体范围包括西安 1 座特大城市，咸阳 1 座大城市，以及铜川、宝鸡、渭南、商洛 4 座中小城市，行政区划面积为 7.47 万平方千米，建成区面积达 1027 平方千米。2021 年，关中平原城市群的 GDP 为 19197 亿元，占同年全国总产出的 1.67%，占陕西省总产出的 64.42%；常住人口 2766 万人，占全国总人口的 1.96%，占陕西省总人口的 70.79%；平均城镇化率达 59.18%。作为国家九大中心城市之一，西安市是陕西省和关中平原城市群的首位城市，对关中平原城市群的带动作用明显。2020 年，西安市 GDP 占关中平原城市群总产出的 55.68%，常住人口占该城市群总人口的 46.26%。

辽中南城市群位于中国辽宁省中南部，濒临渤海和黄海，是中国工业起步较早、城镇化率水平较高的区域。作为东北地区对外开放的重要门户，在实施"一带一路"建设、带动东北老工业基地振兴中发挥重要作用。辽中南城市群的行政区划面积为 9.8 万平方千米，建成区面积为 1982 平方千米，主要包括沈阳、大连 2 座特大城市，鞍山、抚顺 2 座大城市，本溪、丹东、营口、辽阳、盘锦、铁岭 6 座中小城市。2021 年，辽中南城市群的 GDP 为 23944 亿元，占同年全国总产出的 2.08%，占辽宁省总产出的 86.75%；常住人口 3276 万人，占全国总人口的 2.32%，占辽宁省总人口的 77.55%。2000 年、2010 年和 2020 年，辽中南城市群城镇化率分别为 60.7%、67.8% 和 74.33%，均高于全国平均水平。

哈长城市群是东北地区人口和经济活动的重要集聚地，也是我国典型的跨省级行政区的城市群。作为我国重要的商品粮基地、北方门户、边疆重镇，哈长城市群肩负着国家粮食安全与生态安全的历史重任，也承载着振兴东北老工业基地的重要使命。哈长城市群行政区域面积为 32.32 万平方千米，包括哈尔滨 1 座特大城市，齐齐哈尔、大庆、长春 3 座大城市，吉林、牡丹江、绥化、四平、辽源、松原、延边 7 座城市。2021 年，该城市群 GDP 为 22538 亿元，占同年全国总产出的 1.96%；常住人口 4260 万人，占全国总人口的 3.02%；城镇化率59.78%。与其他城市群相比，近年来，哈长城市群经济发展面临诸多问题，如人口流失严重、创新能力下降、人—地—业发展不均衡等，如何实现这一地区的高质量发展成为哈长城市群急需解决的现实问题。

环鄱阳湖城市群作为长江中游城市群的"三圈"之一，位于江西省内、长江以南腹地，周边有江淮城市群、武汉城市群、长株潭城市群等与其竞相发展，因此面临较为激烈的竞争态势和严峻的"虹吸效应"[①]。环鄱阳湖城市群共 5 座城市，包括南昌 1 座大城市，景德镇、九江、宜春、抚州 4 座中小城市[②]。2021 年，环鄱阳湖城市群的 GDP 为 16474 亿元，占同年江西省总产出的55.28%；常住人口 2100 万人，占江西省总人口的 46.67%；平均城镇化率为63.52%，建成区面积达 742 平方千米。其中，南昌市在环鄱阳湖城市群中的中心地位突出，2021 年，南昌市常住人口达 643.8 万人，城镇化率达到 78.64%，具有明显的人口集聚优势，对周边城市形成一定的辐射带动作用。

呼包鄂榆城市群地处内蒙古自治区内、胡焕庸线以西区域，包括呼和浩特、包头 2 座大城市，鄂尔多斯、榆林 2 座中小城市[③]。该城市群拥有丰富的矿产资源，如煤炭、石油、稀土等，但生态本底相对脆弱，生态环境破坏严重，产业发展粗放，亟须对该地区空间发展进行合理引导。2021 年，呼包鄂榆城市群 GDP为 11130 亿元，常住人口为 1162 万人，城镇化率为 78.04%，建成区面积达664 平方千米。

晋中城市群地处山西省内，范围覆盖包括太原 1 座大城市，晋中、阳泉、忻州、吕梁 4 座中小城市，行政区域面积约 7.44 万平方千米。山西省因独特的资源禀赋而显著地异于中部其他省份，尤其晋中城市群的资源富集程度在山西省内最高，其中又以煤、铁、铝等资源为最。2021 年，晋中城市群 GDP 为 11297 亿元，占同年山西省总产出的 49.33%；常住人口 1609 万人，占山西省总人口的

---

① 城市群之间的"虹吸效应"，指的是发达城市群对周边次发达城市群的人才、资金、企业等优质资源要素形成强大的吸引力，以此获得自身长远发展。但次发达城市群承受了一定的利益损失。

② 2015 年，国务院批复同意了《长江中游城市群发展规划》；2022 年，国务院批复同意了《长江中游城市群发展"十四五"实施方案》。其中，环鄱阳湖城市群、武汉城市群与长株潭城市群共同组成长江中游城市群的"三圈"。本书据此单独划出环鄱阳湖城市群，范围更小，经济联系更为紧密。

③ 2018 年，国务院批复了《呼包鄂榆城市群发展规划》，为呼包鄂榆城市群发展奠定了良好的基础。

45.85%；城镇化率达 65.48%，建成区面积为 553 平方千米。晋中城市群发展过分依赖煤炭资源开发，导致产业结构较为单一、生态环境恶化，严重制约了该地区的可持续发展，亟须探索出晋中城市群经济转型发展的新道路。

北部湾城市群地处云贵高原东南边缘、两广丘陵西部、广西壮族自治区内，背靠广袤的大西南地区，毗邻粤港澳大湾区，是海上丝绸之路的重要枢纽。行政区域面积为 4.47 万平方千米，包括南宁 1 座大城市，北海、防城港、钦州 3 座中小城市[①]。2021 年，北部湾城市群 GDP 为 9089 亿元，占同年广西总产出的 36.06%；常住人口约 1494 万人，占广西总人口的 29.77%；城镇化率约 57.73%，建成区面积为 548 平方千米。

兰西城市群地处青藏高原与黄土高原的衔接地带，是胡焕庸线以西唯一的跨省域城市群，其独特的地理形态及多民族聚居的历史特征赋予了兰西城市群丰富的地理涵义。兰西城市群拥有广袤的土地资源、丰富的矿产资源，是我国横贯东西、联系南北、连接"一带一路"的枢纽地区，具有一定的发展潜力。但兰西城市群的发展同样面临诸多问题，如高端产业供给不足、创新能力薄弱、产业结构优化升级缓慢等，限制了该地区的进一步发展。兰西城市群行政区域面积为 4.09 万平方千米，包括兰州、西宁 2 座大城市，白银 1 座小城市[②]。2021 年，兰西城市群 GDP 为 5351 亿元，常住人口为 833.96 万人，平均城镇化率达 72.76%，建成区面积约 400 平方千米，是所有城市群中建成区面积最小的城市群。

滇中城市群地处中国西南部的云南省内，是西部大开发的重点区域。滇中城市群地理区位独特、环境优美、气候宜人，集低纬高原、边疆民族、正在发展、生态脆弱、山坝形态于一身，是中国对接东南亚国家的区域中心，也是云南省参与国内外区域合作与竞争的排头兵。滇中城市群行政区划面积为 9.42 万平方千米，范围包括昆明 1 座特大城市，曲靖、玉溪、楚雄 3 座中小城市。2021 年，滇中城市群 GDP 为 14576 亿元，占同年云南省总产出的 53.79%；常住人口 1889

---

① 2022 年 3 月，国务院批复同意了《北部湾城市群建设"十四五"实施方案》，明确了北部湾城市群未来发展方向。该方案提出，到 2035 年，北部湾城市群全面建成具有区域性国际影响力的品质一流的蓝色海湾城市群。

② 2018 年 3 月，国务院正式批复通过了《兰州—西宁城市群发展规划》，根据该规划，兰西城市群的范围包括兰州、西宁、白银、定西、海东市，以及临夏州、海北州、黄南州、海南州 4 个自治州。根据城市间经济联系程度，本书将兰西城市群的范围进一步缩小至 3 市。

万人，占云南省总人口的40.43%；城镇化率达56.84%，建成区面积为693平方千米。作为滇中城市群的核心城市，昆明市的首位度较高。2021年，昆明市GDP占滇中城市群的49.55%，常住人口占比达到44.79%。

黔中城市群地处贵州省中部。作为贵州省核心经济增长极，黔中城市群是贵州省经济实力最强的区域，也是贵州省实施工业强省和城镇化带动的重要支撑。黔中城市群行政区域面积共7.49万平方千米，包括贵阳、遵义2座大城市，安顺、毕节2座中小城市。2021年，黔中城市群GDP为12141亿元，占贵州省总产出的61.95%；常住人口2196万人，占贵州省总人口的56.93%；城镇化率达56.32%，建成区面积643平方千米。贵阳市对黔中城市群的带动作用并不突出，2021年，贵阳市的GDP占黔中城市群的比重为38.80%，贵阳市常住人口占该城市群总人口的27.26%。在黔中城市群发展过程中，应进一步发挥贵阳市的集聚效应。

附录2　不同数据源和不同测算方法下的城市群中心性指数

附表2　采用夜间灯光数据计算的 Zipf 指数

城市群 ＼ 年份	2000	2002	2005	2007	2010	2012	2015	2017	2020
京津冀城市群	1.57	1.41	1.45	1.44	1.32	1.28	1.22	1.14	1.09
长三角城市群	1.34	1.21	1.23	1.16	1.06	0.97	0.91	0.83	0.76
珠三角城市群	1.56	1.52	1.43	1.32	1.22	1.13	0.91	0.89	0.83
山东半岛城市群	1.15	0.84	0.74	0.80	0.69	0.77	0.71	0.70	0.68
海峡西岸城市群	1.46	1.51	1.58	1.71	1.37	1.07	0.87	0.83	0.79
武汉城市群	1.55	1.50	1.57	1.49	1.36	1.28	1.34	1.27	1.25
长株潭城市群	1.43	0.90	1.09	1.01	1.06	1.18	1.03	0.96	0.94
江淮城市群	1.33	1.06	1.21	1.11	1.06	0.98	1.03	1.05	1.07
中原城市群	1.09	0.98	1.01	1.23	1.16	1.23	1.10	1.11	1.06

续表

城市群 \ 年份	2000	2002	2005	2007	2010	2012	2015	2017	2020
成渝城市群	1.82	1.77	1.78	1.78	1.63	1.77	1.29	1.28	1.15
关中平原城市群	2.45	2.14	2.40	2.53	2.04	2.46	2.37	2.29	2.30
辽中南城市群	1.23	1.16	1.19	1.16	0.98	1.01	1.05	1.04	1.05
哈长城市群	1.29	1.31	1.30	1.26	1.11	1.19	1.07	1.03	1.02
环鄱阳湖城市群	1.30	1.67	1.39	1.39	0.98	1.22	1.12	1.04	0.95
呼包鄂榆城市群	1.18	0.98	0.78	0.85	0.26	0.30	0.27	0.46	0.38
晋中城市群	1.37	1.39	1.36	1.22	1.08	1.02	1.05	1.09	1.21
北部湾城市群	2.21	2.03	1.91	2.19	1.85	1.67	1.61	1.60	1.46
兰西城市群	2.07	1.36	1.35	1.56	1.47	1.65	1.57	1.52	1.40
滇中城市群	2.03	1.53	1.69	1.72	1.50	1.59	1.44	1.48	1.40
黔中城市群	1.37	1.77	1.81	1.78	1.32	1.18	0.97	0.79	0.97

附表3 采用夜间灯光数据计算的基尼系数

城市群 \ 年份	2000	2002	2005	2007	2010	2012	2015	2017	2020
京津冀城市群	0.65	0.60	0.62	0.60	0.56	0.57	0.52	0.49	0.46
长三角城市群	0.65	0.56	0.55	0.50	0.47	0.43	0.41	0.37	0.34
珠三角城市群	0.48	0.46	0.45	0.42	0.39	0.38	0.33	0.32	0.31
山东半岛城市群	0.43	0.32	0.27	0.30	0.26	0.29	0.27	0.27	0.26
海峡西岸城市群	0.42	0.43	0.46	0.48	0.40	0.34	0.28	0.27	0.26
武汉城市群	0.70	0.69	0.73	0.71	0.66	0.65	0.64	0.60	0.59
长株潭城市群	0.53	0.38	0.46	0.44	0.46	0.48	0.42	0.40	0.40
江淮城市群	0.51	0.44	0.48	0.48	0.46	0.40	0.42	0.42	0.43
中原城市群	0.43	0.41	0.42	0.49	0.45	0.47	0.44	0.43	0.40
成渝城市群	0.75	0.72	0.72	0.73	0.70	0.73	0.61	0.61	0.56
关中平原城市群	0.67	0.61	0.62	0.69	0.54	0.62	0.59	0.56	0.57
辽中南城市群	0.51	0.47	0.49	0.47	0.40	0.40	0.43	0.42	0.43
哈长城市群	0.47	0.47	0.48	0.47	0.44	0.46	0.43	0.42	0.43
环鄱阳湖城市群	0.43	0.54	0.44	0.45	0.34	0.41	0.35	0.33	0.31

城市群＼年份	2000	2002	2005	2007	2010	2012	2015	2017	2020
呼包鄂榆城市群	0.23	0.21	0.18	0.19	0.06	0.08	0.07	0.11	0.10
晋中城市群	0.45	0.43	0.41	0.40	0.34	0.32	0.32	0.34	0.37
北部湾城市群	0.54	0.52	0.49	0.57	0.48	0.46	0.45	0.45	0.44
兰西城市群	0.41	0.32	0.32	0.35	0.32	0.32	0.32	0.31	0.29
滇中城市群	0.54	0.41	0.48	0.48	0.43	0.45	0.41	0.43	0.40
黔中城市群	0.38	0.45	0.47	0.48	0.39	0.35	0.29	0.22	0.28

附表 4　采用夜间灯光数据计算的赫芬达尔指数

城市群＼年份	2000	2002	2005	2007	2010	2012	2015	2017	2020
京津冀城市群	0.29	0.25	0.26	0.24	0.21	0.22	0.18	0.17	0.15
长三角城市群	0.31	0.19	0.16	0.13	0.11	0.10	0.10	0.09	0.08
珠三角城市群	0.20	0.19	0.19	0.17	0.17	0.16	0.15	0.15	0.14
山东半岛城市群	0.19	0.16	0.14	0.15	0.14	0.14	0.14	0.14	0.14
海峡西岸城市群	0.26	0.27	0.28	0.31	0.26	0.23	0.21	0.21	0.20
武汉城市群	0.48	0.47	0.54	0.52	0.44	0.43	0.40	0.36	0.33
长株潭城市群	0.30	0.23	0.30	0.29	0.30	0.30	0.26	0.25	0.26
江淮城市群	0.26	0.21	0.21	0.25	0.22	0.18	0.19	0.19	0.19
中原城市群	0.23	0.21	0.21	0.26	0.22	0.23	0.23	0.22	0.20
成渝城市群	0.33	0.29	0.31	0.31	0.28	0.32	0.24	0.24	0.20
关中平原城市群	0.59	0.49	0.47	0.60	0.37	0.48	0.42	0.38	0.39
辽中南城市群	0.24	0.20	0.21	0.20	0.17	0.17	0.18	0.18	0.18
哈长城市群	0.17	0.16	0.17	0.17	0.16	0.17	0.16	0.15	0.17
环鄱阳湖城市群	0.37	0.50	0.37	0.40	0.31	0.36	0.29	0.28	0.28
呼包鄂榆城市群	0.41	0.39	0.37	0.38	0.34	0.34	0.34	0.35	0.35
晋中城市群	0.39	0.36	0.32	0.34	0.28	0.28	0.28	0.29	0.31
北部湾城市群	0.55	0.57	0.52	0.63	0.50	0.49	0.46	0.47	0.47
兰西城市群	0.53	0.46	0.46	0.48	0.45	0.45	0.45	0.44	0.43
滇中城市群	0.57	0.43	0.52	0.52	0.46	0.46	0.43	0.45	0.42
黔中城市群	0.39	0.44	0.46	0.49	0.42	0.38	0.33	0.29	0.32

附表5　采用人均GDP计算的Zipf指数

年份 城市群	2000	2002	2005	2007	2010	2012	2015	2017	2020
京津冀城市群	0.63	0.65	0.66	0.66	0.63	0.62	0.63	0.65	0.66
长三角城市群	0.49	0.55	0.49	0.51	0.34	0.32	0.30	0.30	0.29
珠三角城市群	0.71	0.62	0.65	0.62	0.54	0.58	0.59	0.58	0.58
山东半岛城市群	0.61	0.57	0.62	0.57	0.51	0.50	0.46	0.45	0.39
海峡西岸城市群	0.98	1.03	0.76	0.72	0.46	0.40	0.31	0.31	0.30
武汉城市群	0.52	0.51	0.57	0.62	0.57	0.56	0.53	0.43	0.51
长株潭城市群	0.47	0.49	0.53	0.54	0.61	0.60	0.59	0.60	0.57
江淮城市群	0.47	0.50	0.67	0.72	0.59	0.57	0.57	0.47	0.45
中原城市群	0.37	0.41	0.49	0.48	0.44	0.43	0.41	0.43	0.41
成渝城市群	0.54	0.61	0.44	0.42	0.40	0.34	0.34	0.34	0.39
关中平原城市群	0.70	0.74	0.69	0.67	0.58	0.53	0.53	0.59	0.55
辽中南城市群	0.68	0.64	0.57	0.53	0.44	0.43	0.48	0.55	0.57
哈长城市群	0.82	0.80	0.77	0.74	0.71	0.69	0.56	0.75	0.65
环鄱阳湖城市群	0.69	0.74	0.77	0.76	0.66	0.66	0.64	0.62	0.57
呼包鄂榆城市群	0.30	0.06	0.27	0.51	0.67	0.70	0.65	0.64	0.63
晋中城市群	0.99	0.99	0.91	0.84	0.70	0.57	0.68	0.62	0.62
北部湾城市群	0.56	0.58	0.41	0.42	0.52	0.53	0.53	0.45	0.40
兰西城市群	0.81	0.82	0.71	0.56	0.45	0.45	0.68	0.72	0.85
滇中城市群	1.06	0.94	0.69	0.63	0.61	0.61	0.63	0.64	0.62
黔中城市群	1.08	1.16	1.10	1.05	0.79	0.77	0.75	0.64	0.75

附表6　采用人均GDP计算的基尼系数

年份 城市群	2000	2002	2005	2007	2010	2012	2015	2017	2020
京津冀城市群	0.27	0.28	0.29	0.29	0.28	0.27	0.28	0.29	0.29
长三角城市群	0.22	0.25	0.23	0.23	0.16	0.15	0.14	0.14	0.14
珠三角城市群	0.27	0.26	0.24	0.23	0.21	0.22	0.23	0.23	0.23
山东半岛城市群	0.24	0.22	0.24	0.23	0.20	0.20	0.18	0.18	0.16
海峡西岸城市群	0.34	0.36	0.27	0.25	0.16	0.14	0.11	0.11	0.11

年份 城市群	2000	2002	2005	2007	2010	2012	2015	2017	2020
武汉城市群	0.23	0.22	0.25	0.26	0.25	0.24	0.23	0.22	0.22
长株潭城市群	0.18	0.19	0.20	0.21	0.24	0.23	0.23	0.23	0.22
江淮城市群	0.19	0.21	0.27	0.29	0.24	0.23	0.23	0.19	0.18
中原城市群	0.15	0.16	0.19	0.19	0.18	0.17	0.16	0.17	0.16
成渝城市群	0.25	0.28	0.20	0.19	0.18	0.15	0.15	0.15	0.17
关中平原城市群	0.24	0.26	0.23	0.23	0.20	0.18	0.18	0.20	0.19
辽中南城市群	0.27	0.25	0.23	0.21	0.18	0.17	0.19	0.22	0.23
哈长城市群	0.38	0.36	0.34	0.32	0.30	0.29	0.23	0.20	0.28
环鄱阳湖城市群	0.23	0.24	0.25	0.25	0.22	0.21	0.21	0.20	0.19
呼包鄂榆城市群	0.08	0.02	0.07	0.12	0.16	0.17	0.16	0.16	0.16
晋中城市群	0.31	0.31	0.29	0.27	0.22	0.18	0.22	0.20	0.20
北部湾城市群	0.16	0.16	0.12	0.12	0.15	0.15	0.15	0.13	0.12
兰西城市群	0.20	0.20	0.17	0.14	0.11	0.11	0.16	0.14	0.18
滇中城市群	0.29	0.26	0.20	0.18	0.18	0.18	0.18	0.18	0.18
黔中城市群	0.32	0.34	0.33	0.32	0.23	0.22	0.22	0.19	0.22

附表7　采用人均GDP计算的赫芬达尔指数

年份 城市群	2000	2002	2005	2007	2010	2012	2015	2017	2020
京津冀城市群	0.10	0.10	0.10	0.10	0.10	0.10	0.10	0.10	0.11
长三角城市群	0.06	0.07	0.06	0.07	0.06	0.06	0.06	0.06	0.06
珠三角城市群	0.14	0.13	0.13	0.13	0.13	0.13	0.13	0.13	0.13
山东半岛城市群	0.13	0.13	0.13	0.13	0.13	0.13	0.12	0.12	0.12
海峡西岸城市群	0.24	0.26	0.22	0.21	0.18	0.18	0.17	0.17	0.17
武汉城市群	0.10	0.10	0.10	0.11	0.10	0.10	0.10	0.09	0.10
长株潭城市群	0.14	0.14	0.14	0.15	0.16	0.15	0.15	0.15	0.15
江淮城市群	0.11	0.11	0.13	0.13	0.12	0.12	0.12	0.11	0.11
中原城市群	0.12	0.12	0.12	0.12	0.12	0.12	0.12	0.12	0.12
成渝城市群	0.09	0.09	0.08	0.08	0.08	0.07	0.07	0.07	0.07

年份 城市群	2000	2002	2005	2007	2010	2012	2015	2017	2020
关中平原城市群	0.20	0.21	0.20	0.19	0.19	0.19	0.19	0.19	0.19
辽中南城市群	0.12	0.12	0.12	0.11	0.11	0.11	0.11	0.12	0.12
哈长城市群	0.18	0.15	0.14	0.13	0.13	0.13	0.11	0.13	0.12
环鄱阳湖城市群	0.24	0.24	0.25	0.25	0.23	0.23	0.23	0.23	0.23
呼包鄂榆城市群	0.34	0.33	0.34	0.35	0.36	0.37	0.36	0.37	0.37
晋中城市群	0.27	0.27	0.26	0.25	0.24	0.22	0.23	0.23	0.23
北部湾城市群	0.27	0.27	0.26	0.26	0.27	0.27	0.27	0.26	0.26
兰西城市群	0.39	0.39	0.37	0.36	0.35	0.35	0.36	0.39	0.38
滇中城市群	0.33	0.31	0.29	0.28	0.28	0.28	0.28	0.28	0.28
黔中城市群	0.35	0.37	0.37	0.36	0.30	0.30	0.30	0.28	0.29

附录3　中国工业企业数据库的处理过程

　　"中国工业企业数据库"的全称是"全部国有及规模以上非国有工业企业数据库",其样本范围为1998~2013年全部国有工业企业以及规模以上的非国有企业。由于原始数据库存在样本匹配混乱、变量大小异常、个别指标误差明显等问题,如果忽视原始数据的缺陷或采取不合理的处理方法,可能导致生产率估算的偏误或是经验研究得出错误的结论(聂辉华、江艇、杨汝岱,2012)。因此在测算企业生产率之前,本书参考国内外其他学者的常用做法(Brandt、Van Biesebroeck、Zhang,2012;杨汝岱,2015;余淼杰、金洋、张睿,2018),对原始数据库进行了一系列严谨的处理,包括数据清洗、面板数据的构建、产业分类标准的统一、企业投入产出相关数据的整理等多项工作。这里针对数据处理工作做简要说明。

　　(1)数据剔除、修正与补充。原始的工业企业数据库中存在部分企业的关键指标缺失、失真等问题,为尽可能保留企业样本,本书既没有"一刀切"地删除"问题"样本，也尽量不对原始数据做过多的"插值"或"修饰"，尽力保全原始数据的真实性和有效性。针对这些"问题"样本，本书的处理方法是，首先，进行数据清洗。借鉴已有文献的方法（谢千里、罗斯基、张轶凡，2008；杨汝岱，2015），剔除了部分不符合会计准则和缺失重要指标的样本。例如，企业信息中的关键投入指标（如从业人员、总资产、实收资本等）或关键产出指标（工业总产值、工业销售产值等）缺失、为负值、为零值的样本；不符合基本会计准则的样本（如总资产低于流动资产、总资产低于固定资产合计、累计折旧低于当年折旧等）；关键指标过低的样本（如企业从业人员小于8人），这部分存在明显指标缺失、指标异常或测量误差的样本，因数据质量较低予以删除。其次，进行适当的数据修复。例如，少数企业的开业时间存在数值异常，如开业时间大于当前年份、缺失，或为零值等，这里根据数值判断对企业开业年份进行适当修正。2011年和2012年的数据库中，个别省份缺失部分重要指标（如湖南省企业缺失从业人员数据等），本书根据企业信息进行前后匹配，尽可能进行线性插值补充。2010年的数据指标缺失严重，故本书删除该年度样本。

（2）产业分类标准的统一。1998~2013年，工业企业数据库共使用了三种不同的国民经济行业分类标准：1998~2001年执行GB/T4754-1994，2002~2010年执行GB/T4754-2002，2011年执行GB/T4754-2011。为保持产业分类一致，便于后续分行业估计企业全要素生产率，需要将这三类产业分类标准进行统一。本书的处理办法是将前两种产业分类代码（GB/T4754-1994和GB/T4754-2002）分别对应到2013年的产业分类代码，即所有年份行业分类统一采用GB/T4754-2011的两位数产业分类标准。

（3）面板数据的构建。面板数据的构建是测算企业全要素生产率及后续实证分析的重要步骤，但将16年400多万观测值匹配成面板数据并非易事。Brandt、Van Biesebroeck、Zhang（2012）的匹配方法是，采用"法人代码+企业名称+地区代码+法人代表姓名+电话号码+开工年份+邮政编码+行业代码+主要产品"等企业信息进行多轮匹配。然而，经过验证发现，这种匹配方法在实际操作中会导致过宽的匹配（杨汝岱，2015），即本来不属于同一家企业的前后两个观测值，但被匹配成一家企业了，造成这种偏误的原因在于多轮匹配时使用了过多企业信息。本书综合Brandt、Van Biesebroeck、Zhang（2012）和杨汝岱（2015）的做法，使用"法人代码+企业名称+地区行政代码+企业电话号码+开业年份"的面板匹配方法①。经检查发现，这种匹配方法是合理的，匹配结果更加精确。经过面板数据匹配，最终构建的非平衡面板数据集涵盖了 31 个省级行政区、30 个两位数制造业行业、6 大所有制类别，样本中共包含 428.32 万个企业观测值。

（4）资本存量的估算。资本存量是测算企业生产率的重要投入指标，工业企业数据库中并没有直接可用于计算的企业资本存量指标。多数文献对资本变量的处理是，将固定资产的账面价值进行消胀，转化为固定资产投资的真实值，再基于永续盘存法计算可比较的实际资本存量。在对资本变量的处理过程中，涉及对企业开业年份、固定资产的折旧信息（包括当年折旧和累积折旧指标）、固定资产原值等问题的处理，Brandt、Van Biesebroeck、Zhang（2012）、杨汝岱（2015）等均提供了比较详细的说明与操作程序。由于 2008 年和 2009 年的工业企业数据库中缺失固定资产原价，2008~2013 年的数据库中缺失中间投入、当年折旧、工业增加值等重要指标，处理起来相对复杂，所以本书采用余淼杰、金洋、张睿（2018）的做法，对这一时期内缺失的固定资产原价、中间投入及当年折旧等核心指标进行估算。

---

① 本文匹配面板的基本做法是，先以企业法人代码为基准进行信息匹配，若匹配不成功，则使用企业名称匹配，若仍不成功，继续使用"企业所在地的行政区划代码+企业电话号码+开业年份"进行匹配。这种做法避免了采用"主要产品"信息导致将同一地区不同企业在从事同一产品生产进而错误匹配的情况，也避免了未采用"企业名称"信息导致将不同法人代码但相同企业名称被认作两家企业的偏误。经过"连续两年之间的匹配—连续三年之间的匹配—连续 16 年的匹配"等步骤，最终生成了连续 16 年的非平衡面板数据集。